Alles über Disziplin

So baust du Motivation auf und änderst deine Gewohnheiten

Teacher of Life

Bibliografische Information der Deutschen Nationalbibliothek:
Die Deutsche Nationalbibliothek verzeichnet diese Publikation in der Deutschen Nationalbibliografie, detaillierte bibliografische Daten sind im Internet über www.dnb.de abrufbar.

1. Auflage Juli 2022

Karlsbaderstraße 3a, 89231 Neu-Ulm

Autor: Burak Uruc

Lektorat & Korrektorat: Tiziana Olbrich

Coverdesign: Farrukh Khan

Illustrationen: Asha Rohandas

www.teacheroflife.de

info@teacheroflife.de

ISBN: 979-8-8433-1247-3

Independently Published

Herstellung: Amazon Distribution GmbH

INHALT

Warum Disziplin so wichtig ist

Durch Fortschritt hat sich unser alltägliches Leben deutlich verbessert. Dadurch sind wir in der Lage, unsere Bedürfnisse sofort zu befriedigen, ohne erst viel Aufwand zu betreiben. Doch diese Möglichkeiten sind ein Fluch und Segen zugleich. Denn Belohnungen sind im wahrsten Sinne des Wortes nur noch einen Klick entfernt. Wenn uns langweilig wird, lassen wir uns durch Filme und Serien unterhalten. Wenn wir Hunger bekommen, müssen wir nur einen kurzen Anruf tätigen und schon steht der Lieferant vor der Türe. Wenn wir uns einsam fühlen, teilen wir spontan einen Beitrag auf Social Media und schon regnet es Anerkennung und Wertschätzung. Wir müssen nicht mehr erst etwas leisten, um etwas dafür zu bekommen, sondern können uns ohne Anstrengung sofort befriedigen. Durch dieses moderne Leben verfallen wir in einen Komfort, der uns langfristig schadet und krank macht. Denn wenn wir uns nur noch auf die schnellstmögliche Befriedigung unserer Bedürfnisse fokussieren, anstatt unser eigenes Leben aktiv zu gestalten, vernachlässigen wir Notwendigkeiten für ein gesundes und zufriedenes Leben. Hinzu kommt, dass wir nach einer Weile so abgestumpft sind, dass wir immer mehr konsumieren müssen, um die gleiche Befriedigung zu erhalten. Gleichzeitig werden anstrengende Aufgaben immer unattraktiver, weil wir bereits befriedigt sind. Es gibt also keinen Grund mehr, sich für später eintreffende Befriedigungen zu beanspruchen.

Es ist nicht gerade leicht, eine gesunde Balance zwischen Genuss und Disziplin herzustellen. Denn in den meisten Fällen muss man für eine gewisse Zeit auf die kurzfristige Befriedigung verzichten und langfristig diszipliniert bleiben, um die eigenen Ziele zu erreichen. Heutzutage ist die Befriedigung aber sofort verfügbar, während die meisten Ziele Geduld und harte Arbeit voraussetzen. Durch Disziplin kann aber auf das kurzfristige Verlangen verzichtet werden, dadurch gelingt es, die Bedürfnisse wieder nachhaltig zu befriedigen.

Als wäre es nicht schon schwer genug die Balance zu halten, locken Konzerne mit immer verführerischen Konsumgütern. Ein gutes Beispiel hierfür ist das Handy. Die meisten von uns checken ihr Handy bereits kurz nach dem Aufwachen. Die durchschnittliche Bildschirmzeit steigt immer weiter an. Das liegt daran, dass sich solche Produkte völlig an unseren Alltag angepasst haben. Wenn man das Haus verlässt und sein Handy vergessen hat, löst es Herzrasen bei den meisten aus und der Großteil der Menschen würde lieber zurücklaufen, als den Tag ohne Handy überstehen zu müssen. Konzerne wollen möglichst gewohnheitsformende Produkte entwickeln, um uns völlig abhängig von ihnen zu machen. Dadurch gewinnen sie viele Kunden, die dem Konzern über viele Jahre hinweg treu bleiben. Was wiederum für lang anhaltende und zuverlässige Einnahmen sorgt. Manche Personen sind beispielsweise so sehr an ein Design oder eine Software gewöhnt, dass sie nicht mehr wechseln wollen. Ein neues Produkt zu finden und sich daran zu gewöhnen wäre ihnen zu umständlich.

Eine starke Disziplin ist der sicherste Weg für ein kontrollierteres und nachhaltigeres Konsumverhalten und somit ein besseres Leben. Personen mit einer ausgeprägten Selbstdisziplin können wesentlich erfolgreicher mit belastenden Situationen umgehen, führen bessere Beziehungen und sind weniger anfällig für den Missbrauch von Genussmitteln. Durch Disziplin sind sie in der Lage, ihr Verlangen in bestimmten Momenten hinten anzustellen, um sich selbst von Abhängigkeiten zu befreien. Die Fähigkeit diszipliniert zu sein ist es also, was uns Menschen erst richtig frei sein lässt. Denn im Grunde wissen wir alle bereits genau, was wir tun müssten, um unsere Probleme zu lösen, tun es jedoch aus Mangel an Selbstdisziplin nicht. Stattdessen verfallen wir lieber unserem inneren Verlangen nach schneller Befriedigung und versagen dabei, ein selbstbestimmtes und freies Leben zu führen. Nur wer in der Lage ist, sich selbst zu beherrschen, kann tun und machen, was er für richtig hält und so ein glücklicheres Leben führen.

Wer stark genug ist seine eigenen Werte durchzusetzen, besitzt auch ein gutes Gewissen. Wer hingegen aufgrund eines schwachen Willens ständig gegen die eigenen Werte verstößt, wird immer wieder von einem schlechten Gewissen geplagt werden. Das hat wiederum Folgen in der Selbstwahrnehmung, weil man sich selbst nicht ausreichend respektiert, um für die eigenen Werte einzustehen. Daraus entsteht dann ein geschädigtes Selbstbewusstsein. Vielen Menschen ist dieser innere Konflikt gar nicht bewusst und sie versuchen, ihr Selbstbewusstsein durch äußere Dinge aufzubauen. Doch solche oberflächlichen Verhaltensweisen sind nur kurzfristig bis überhaupt nicht effektiv. Nur durch das Lösen der inneren Konflikte erlangt man wieder innere Ruhe und Gelassenheit. Es ist also von grundlegender Bedeutung, Disziplin und einen gesunden Umgang mit unserem Verlangen zu erlernen. Im Idealfall wurde es uns von unseren Eltern beigebracht, doch den meisten ist leider nicht wirklich klar, wie sie sich selbst motivieren und disziplinieren können. Hier trifft die Schuld auch nicht unsere Eltern, denn auch sie haben höchstwahrscheinlich nie gelernt, wie Motivation und Disziplin richtig anzuwenden sind. Immerhin werden solche Themen in Schulen nicht behandelt, trotz ihrer enormen Wichtigkeit fürs Leben.

Durch Disziplin erlangt man die eine Fähigkeit zur Selbstverwirklichung. Sie lässt uns unsere Träume in Realität umwandeln. Es gibt zudem Zustände, die jeder Mensch anstreben sollte, um ein erfülltes Leben zu führen. Grundlegende Dinge wie Gesundheit oder Beziehungen sind nicht selbstverständlich. Nur wer dafür etwas tut, wird letzten Endes auch belohnt werden. Doch der Weg der Umsetzung erweist sich häufig als steinig und hart. Viele muten sich zu viele Veränderungen auf einmal zu und wundern sich dann, weswegen sie nach kurzer Zeit bereits die Motivation verlieren.

Damit du eines Tages nicht bereust, den ersten Schritt zu einem disziplinierten und glücklicheren Leben nicht gewagt zu haben, habe ich dieses Buch verfasst. Es begleitet dich mit praxisnahen Beispielen und motivierenden Worten auf deinem Weg. In den folgenden Kapiteln wird dir Schritt für Schritt klar werden, wie du aus diesem Teufelskreis ausbrichst und endlich ein selbstbestimmtes Leben führen kannst.

Gibt es einen freien Willen?

Bevor du ins Machen kommen kannst, musst du dir bewusst werden, dass du die Kontrolle über dich selbst hast und somit die Verantwortung für dein eigenes Leben und Handeln zu übernehmen hast, statt nach Ausreden zu suchen. Es gibt unterschiedliche Wahrnehmungen der Kontrollüberzeugung, also inwiefern man Einfluss auf das eigene Schicksal nehmen kann. Die Kontrollüberzeugung ist der Glaube darüber, zu welchem Grad man glaubt, die Kontrolle über das eigene Leben zu haben. Auf der einen Seite gibt es Personen, die davon überzeugt sind, selbst für ihr Schicksal verantwortlich zu sein, sie besitzen also eine internale

Kontrollüberzeugung. Sie sind sich darüber bewusst, dass ihre eigenen Handlungen und nicht äußere Faktoren für ihren Erfolg verantwortlich sind. Da sie glauben, ihre Zukunft mitgestalten zu können, geben sie sich mehr Mühe beim Bewältigen ihrer bevorstehenden Aufgaben.

Wenn eine Person aber eine externale Kontrollüberzeugung besitzt, ist sie davon überzeugt, dass ihr Schicksal nicht in ihren Händen liegt, sondern von äußeren Faktoren bestimmt wird. Deshalb macht die Person sich auch nicht die Mühe, ihr Leben zu verändern, weil die eigene Anstrengung ohnehin nichts bezwecken würde. Diese Person glaubt also, dass der eigene Erfolg oft vom Zufall abhängig ist und nicht von ihr selbst beeinflusst werden kann. Sie beschwert sich beispielsweise über ihre Probleme, anstatt etwas dagegen zu unternehmen. Wenn sie eine erfolgreiche Person sieht, dann erklärt sie sich den Erfolg damit, dass diese Person einfach Glück im Leben hat, während sie selbst ein Pechvogel ist. Sie glaubt beispielsweise, um reich zu sein, muss man wohlhabende Eltern haben oder extrem klug sein, oder um einen athletischen Körper zu haben, muss man über eine gute Genetik verfügen. In Wirklichkeit haben erfolgreiche Personen oft mehrere Monate oder sogar Jahre hart gearbeitet, um an ihr Ziel zu gelangen. Es gibt natürlich Grenzen bei der Mitgestaltung des eigenen Lebens, gewisse Dinge liegen tatsächlich nicht in unserer Hand, wie zum Beispiel unsere Herkunft oder unsere Körpergröße. Doch was wir selbst bestimmen können sind zum Beispiel unser Beruf oder unser Körpergewicht. Man sollte also das Beste aus dem machen, was einem zur Verfügung steht.

Die Überzeugung darüber, dass man die eigenverantwortliche Kontrolle über das eigene Leben besitzt, führt zu einem positiveren Leben. Da man glaubt, durch eigene Taten etwas zu bewirken. Aber besitzen wir Menschen wirklich die Kontrolle über uns selbst? Und wer von den beiden genannten Personen hat wirklich recht? Die Diskussion darüber, ob wir Menschen einen freien Willen besitzen, wird schon seit Jahrhunderten geführt und doch gibt es keine einheitliche Antwort dafür. Unter freien Willen versteht man die Fähigkeit des Menschen, sich freiwillig für bestimmte Handlungen zu entscheiden. Die Frage, ob wir Menschen frei entscheiden können, was wir tun, wollen kommt dir wahrscheinlich unsinnig vor. Doch wenn du genauer überlegst, handelst du wirklich immer so, wie du es dir vorgenommen hattest? Sehr wahrscheinlich wirst du oft die Erfahrung gemacht haben, nicht immer so gehandelt zu haben, wie du es beabsichtigt hattest. So frei sind wir Menschen in unseren Entscheidungen wohl also doch nicht.

Alles was wir tun, lässt sich im Gehirn messen und somit auch nachweisen. Deswegen wurde das Gehirn vor ein paar Jahrzehnten noch als etwas Passives angesehen, weil es nur auf äußere Ereignisse reagierte. Immer, wenn Versuchspersonen etwas Äußeres wahrgenommen hatten, konnte ein Ausschlag in ihrem Gehirn gemessen werden. Bis zu diesem Zeitpunkte hatte niemand gemessen, ob und inwiefern das Gehirn tatsächlich selbst eine Aktion auslösen konnte. Genau das gelangte aber 1964 zwei Neurologen. In ihrem Experiment sollten Versuchspersonen einen Finger in unregelmäßigen Zeitabständen ganz in ihrem eigenen Tempo bis zu 500-mal beugen. Durch ein Messverfahren wurde gezeigt, wie sich die Gehirne der Probanden auf die willkürlichen Bewegungen des Fingers vorbereiteten. Diese Messung wurde Bereitschaftspotenzial genannt und zeigte zum ersten Mal, dass wir Menschen nicht nur auf äußere Ereignisse reagieren, sondern willentlich über unsere Handlungen entscheiden können.

Doch schon einige Jahre später führte ein Physiologe ein ähnliches Experiment durch, indem die Probanden sich genau merken sollten, wann sie sich bewusst entschieden ihren Finger zu beugen. Dabei kam heraus, dass schon ungefähr eine halbe Sekunde bevor sich die Probanden bewusst entschieden den Finger zu beugen, es bereits einen Ausschlag im Gehirn gab. Das Gehirn hatte also bereits die Entscheidung getroffen, noch bevor die Testpersonen sich dazu bewusst entschieden hatten. Die Entscheidung wurde folglich schon unterbewusst vor der bewussten Entscheidung getroffen, obwohl die Handlung als selbstbestimmt wahrgenommen wurde. Gibt es dementsprechend also keinen freien Willen?

Die neuesten Forschungsergebnisse zeigen, dass nachdem unterbewusst eine Entscheidung getroffen wurde, diese immer noch bis zu einem bestimmten Punkt bewusst gestoppt werden kann. Wir sind unserem Unterbewusstsein also nicht völlig unterworfen. Außerdem bedeutet es nicht nur weil unsere Entscheidungen größtenteils unterbewusst getroffen werden, dass sie fremdbestimmt und willkürlich getroffen werden. Unterbewusste Entscheidungen sind immerhin auch ein Teil von uns, sie laufen bloß automatischer ab als die bewussten Entscheidungen.

Dein Unterbewusstsein versucht aus vergangenen Erfahrungen vorherzusagen, welche Handlungen im aktuellen Moment am sinnvollsten wären. Diese unterbewussten Entscheidungen haben deshalb den Vorteil, dass sie dir jede Menge Arbeit ersparen. Wäre dies nicht der Fall, dann würdest du ständig in jeder noch so kleinen Situation völlig überfordert sein, weil du dich jedes Mal bewusst für oder gegen etwas entscheiden müsstest. Jedoch bringen diese unterbewussten Entscheidungen auch einen Nachteil mit sich, weil sie nicht immer logisch sind. Oft werden vertraute Optionen von deinem Unterbewusstsein bevorzugt, die jedoch nicht unbedingt die bessere Option darstellen und dir deshalb langfristig schaden können.

Bessere Entscheidungen treffen

Du stehst jeden Tag vor unzähligen Entscheidungen. Deshalb ist es wichtig zu lernen, wie du die möglichst besten Entscheidungen triffst. Denn deine alltäglichen Entscheidungen führen zu Handlungen, die wiederum deine Lebensqualität bestimmen. Doch das Problem ist eben, das wir selten eine Entscheidung rational durchführen. Die meisten Entscheidungen werden unterbewusst, also intuitiv aus dem Bauch heraus getroffen. Die Intuition ist dabei die Summe aller Erfahrungen, die wir im Laufe unseres Lebens gemacht haben. Sie lässt uns Umstände schnell erkennen und daraus entscheiden, ohne groß darüber nachzudenken. Manchmal treffen wir durch die Intuition zwar auch bessere Entscheidungen, weil das Unterbewusstsein in der Lage ist, mehr Informationen zu berücksichtigen als das Bewusstsein, aber die Intuition entscheidet dennoch gefühlsbezogen, was selten begründet werden kann. Denn während du dabei bist, intuitiv eine Entscheidung zu treffen, kommen Gefühle aus vergangenen Erfahrungen hoch. Wenn du also positive oder negative Gefühle mit einem bestimmten Ereignis verbindest, führt dies dazu, dass du dieselbe Entscheidung je nachdem erneut triffst oder vermeidest. Wenn du dich auf deine Intuition verlässt, könnte dies dazu führen, dass du beispielsweise heute doch nicht zum Sport gehst, weil du Angst hast, urteilende Blicke oder blöde Sprüche zu hören. Gefühle wie Angst haben zwar ihren Sinn und Zweck, indem sie dich vor Gefahren beschützen, wenn sie allerdings ohne einen berechtigten Grund aufkommen, blockieren sie dich unnötig.

Um deine unterbewussten Entscheidungen dennoch zu beeinflussen und mehr logische Entscheidungen zu treffen, solltest du immer wieder versuchen, dir über deine Entscheidungen bewusst zu werden. Du reflektierst also bewusst, um dann die bessere Entscheidung zu wählen. Dieser bewusste Entscheidungsprozess ist zwar anstrengender als einfach deiner Intuition zu folgen, aber mit der Zeit entstehen durch bewusste Entscheidungen bessere Erfahrungen, die wiederum deine Intuition beeinflussen, woraus dann bessere unterbewusste Handlungen entstehen können. Du kannst folglich durch regelmäßig bewusste Entscheidungen dein Verhalten willentlich langfristig verändern.

Wenn du vor einer großen Entscheidung stehst, dann willst du wahrscheinlich immer die bestmögliche wählen, um im Nachhinein nichts zu bereuen. Eine Garantie für richtige Entscheidungen wird es aber nie geben, weil du nicht vorhersehen kannst, wie sich die Dinge in Zukunft entwickeln werden. Vor allem heutzutage hast du viel mehr Entscheidungsmöglichkeiten, was dir aber die Entscheidung mehr erschwert, als zu erleichtern. Denn die Auswahl ist groß und viele Alternativen sind überzeugend. Je mehr Auswahl du hast, desto mehr steigen auch deine Ansprüche, was dich im Nachhinein viel unzufriedener machen kann. Weil was wäre gewesen, wenn du dich doch anders entschieden hättest? Das Problem ist jedoch, dass du nicht die perfekte Entscheidung herausfinden kannst, weil du nicht in der Lage bist, alle möglichen Alternativen kennenzulernen und aus dieser riesigen Menge an Informationen eine auszuwählen. Um trotzdem etwas Gewissheit zu bekommen, kannst du jedoch nach Anforderungen und Merkmalen ausschließen.

Wie sollst du dich aber entscheiden, wenn zwei Optionen genau gleich gut oder schlecht sind und du dich nur für eines der beiden entscheiden musst? Bei zwei guten Optionen besteht die Angst, das größere Glück zu verpassen. Bei zwei schlechten Optionen besteht die Angst, den größeren Schmerz zu erleben. Denn dich für eine Option zu entscheiden, bedeutet gleichzeitig auch immer, dich von anderen Optionen zu scheiden. Aus Angst die falsche Entscheidung zu wählen, triffst du dann lieber gar keine Entscheidung, um alle Optionen offen zu halten. Diese Denkweise soll zwar negative Konsequenzen vermeiden, doch gar keine Entscheidung zu treffen ist die Entscheidung, die du am meisten bereuen wirst. Denn nicht zu handeln, verstärkt das Problem mit der Zeit nur noch mehr, anstatt es zu lösen. Die Zukunft ist bekanntlich ungewiss. Deshalb solltest du in diesem Falle abwägen und dich entscheiden, statt endlos zu grübeln. Nicht falsch verstehen, vor allem bei großen Entscheidungen kannst du mal für eine Nacht darüber schlafen, denn schnelle Entscheidungen werden oft intuitiv getroffen. Doch längeres Grübeln wird dich nur unnötig Zeit und Energie kosten. Um ins Handeln zu kommen, musst du dich entscheiden. Schließlich wird der Weg aufzeigen, ob es eine gute Entscheidung war oder nicht.

Im Grunde genommen gibt es eigentlich keine falschen Entscheidungen, weil jede Entscheidung, die du triffst, dich weiter bringen wird. Denn du wirst daraus neue Erfahrungen machen, mit denen du dann in Zukunft bessere

Entscheidungen treffen kannst. Bei einer falschen Entscheidung besteht häufig die Möglichkeit des Nachbesserns, es ist nicht gleich alles verloren.

Wie du Motivation aufbaust

Hast du dich mal gefragt, was dich überhaupt zu bestimmten Entscheidungen veranlasst? Dafür musst du verstehen, was dein Verhalten überhaupt auslöst. Das menschliche Verhalten wird durch Motivation erklärt. Motivation bedeutet kurz gesagt, warum du Dinge tust und willst. Der Auslöser für deinen inneren Antrieb sind die sogenannten Bedürfnisse. Jeder Mensch besitzt dieselben Bedürfnisse in sich, sie sind aber immer unterschiedlich ausgeprägt. Bedürfnisse lösen in dir ein Verlangen nach etwas aus, was dir letzten Endes dein Leben absichern und erhalten lässt. Bedürfnisse sind die Ursache deiner Motivation und treiben dich zu bestimmten Handlungen an.

In der heutigen Gesellschaft ist der Glaube weit verbreitet, man solle immer dem folgen, was Spaß und Lust hervorruft. Nur so würde man glücklich werden. Freiheit wird oft als Fähigkeit zur Befriedigung der eigenen Bedürfnisse verstanden, wobei Verzicht als eine Einschränkung angesehen wird. Widersprüchlicherweise schränkt uns die blinde Jagd nach Lust und Befriedigung erst ein. Sie macht uns abhängig und unglücklich. Denn unsere Bedürfnisse binden uns immer an unser Verlangen, was völlig innere Freiheit und Selbstbestimmung beeinträchtigt. Erst die Unabhängigkeit von den eigenen Bedürfnissen und ein gesunder Umgang mit ihnen lässt uns innerlich wirklich frei und glücklich sein.

Du bist deinen Bedürfnissen aber zum Glück nicht völlig ausgeliefert. Denn wir Menschen besitzen eine Fähigkeit in uns, die uns unsere Bedürfnisse regulieren lässt. Die sogenannte Vernunft. Sie lässt dich durch Erkenntnisse und Wissen rationaler entscheiden. Wodurch du in der Lage bist, deine Bedürfnisse in den Griff zu bekommen und über dich selbst zu bestimmen. Deine Bedürfnisse stehen aber immer in Konflikt mit deiner Vernunft. Denn durch Erkenntnisse und Erfahrungen entstehen bestimmte

Wertvorstellungen in dir. Werte sind individuelle Überzeugungen über gut und schlecht. Die Bedürfnisse wiederum wollen einfach nur befriedigt werden, egal zu welchem Preis. Wer keine Grenzen beim Thema Befriedigung kennt, landet schnell in einem Exzess der Bedürfnisse. Beispielsweise wird aus einem Stück Schokolade schnell die ganze Tafel. Die Vernunft lässt einen jedoch selbst regulieren, indem erinnert wird, dass zu viel Schokolade ungesund ist und auf Dauer schadet. Dieses unvernünftige Verhalten wird dann unterlassen. Das Begrenzen der Genüsse führt außerdem zu viel mehr Wertschätzung dieser, weil sie nicht zur Normalität werden, sondern etwas Besonderes bleiben. Wenn wir beispielsweise sehr durstig sind, schmeckt uns das einfache Wasser viel besser als das leckerste Getränk der Welt ohne einen Durst.

Oft wissen wir bereits, was gut für uns wäre, sind aber zu schwach es umzusetzen. Nur wer willentlich stark genug ist, wird sich selbst beherrschen können. Doch diese Selbstbeherrschung sollte diesmal nicht ins andere Extrem rutschen, was auch unvernünftig wäre. Denn Bedürfnisse haben ihren Sinn und Zweck. Wer hingegen die eigenen Bedürfnisse ständig unterdrückt, schadet sich damit letzten Endes auch.

Denn für einen gesunden Körper und eine gesunde Psyche ist es wichtig, auf die eigenen Bedürfnisse zu achten und sie in Maßen zu befriedigen. Sonst nehmen wir schaden in Form von Krankheiten. Ein gesunder Umgang mit den eigenen Bedürfnissen liegt also, wie so vieles im Leben im Gleichgewicht der beiden Extreme.

Bedürfnisse

Was genau sind eigentlich Bedürfnisse? Indem sie uns täglich durch Signale wie Hunger oder Müdigkeit auf sich aufmerksam machen, veranlassen Bedürfnisse uns, ihnen nachzukommen. Du weißt bestimmt aus eigener Erfahrung, wie unangenehm es ist, wenn körperliche Bedürfnisse nicht befriedigt werden. Doch genau so wichtig sind außerdem die weniger wahrgenommenen psychischen Bedürfnisse. Sie sind zwar nicht so lebenswichtig wie die körperlichen Bedürfnisse, dennoch führt ihr Fehlen zu Unwohlbefinden. Das Problem ist jedoch, dass die meisten Menschen sich über ihre psychischen Bedürfnisse überhaupt nicht bewusst sind. Das ist einigermaßen auch verständlich, weil selbst unter Wissenschaftlern noch nicht klar ist, wie viele psychische Bedürfnisse wirklich existieren.

In der Psychologie gibt es dazu die verschiedensten Theorien, die sich leicht voneinander unterscheiden.

In den folgenden Listen wurde versucht, alle möglichen Bedürfnisse zusammengefasst darzustellen. Es kann sein, dass du bestimmte Bedürfnisse bereits unter einem anderen Begriff kennst, letzten Endes zählt aber nur, welches Bedürfnis dahintersteckt. Außerdem werden einige psychische Bedürfnisse in eine weitere Liste unterteilt. Den sogenannten sozialen Bedürfnissen. Diese Bedürfnisse können nur durch zwischenmenschliche Beziehungen befriedigt werden. Die Darstellung der Bedürfnisse ist nicht fix, wenn du es also anders aufteilen würdest, kannst du das gerne so machen. Wenn dir außerdem noch ein paar weitere Bedürfnisse einfallen, kannst du sie natürlich selbst noch hinzufügen.

Körperliche Bedürfnisse:

- Berührung
- Bewegung
- Atmung
- Nahrung
- Schlaf
- Schutz
- Sexualität
- Wasser
- Wärme

Psychische Bedürfnisse:

- Achtsamkeit
- Authentizität
- Autonomie
- Ästhetik
- Beständigkeit
- Ehrgeiz
- Erholung
- Gleichgewicht
- Habgier
- Harmonie
- Identität
- Klarheit
- Kompetenz
- Kontrolle
- Kreativität

- Leichtigkeit
- Lustgewinn
- Neugier
- Ordnung
- Orientierung
- Perfektion
- Ruhe
- Selbstwert
- Sicherheit
- Sinnhaftigkeit
- Zuversicht

Soziale Bedürfnisse:

- Anerkennung
- Aufmerksamkeit
- Bindung
- Ehrlichkeit
- Empathie
- Kommunikation
- Macht
- Privatsphäre
- Treue
- Zugehörigkeit
- Zuneigung
- Zuverlässigkeit

Wie du siehst, gibt es jede Menge Bedürfnisse in uns. Jedoch wird es nie möglich sein, alle Bedürfnisse gleichzeitig zu befriedigen. Je nach Person besitzen bestimmte Bedürfnisse eine höhere Priorität als andere. Beispielsweise ist dem Schüler A das Bedürfnis nach Autonomie viel wichtiger als das Bedürfnis nach Sicherheit. Deswegen entscheidet er sich schon im frühen Alter selbstständig zu werden. Wohingegen für den Schüler B das Bedürfnis nach Sicherheit eine wichtigere Rolle spielt. Deswegen ist für ihn klar, dass er sich für eine sichere Arbeitsstelle als Angestellter entscheiden wird. Die Beurteilung und Bedeutung von Bedürfnissen kann sich jedoch mit der Reife und dem Dazulernen in zukünftigen Lebensphasen trotzdem noch verändern und ist nicht endgültig. Um deine eigenen Bedürfnisse herauszufinden, kannst du dir überlegen, in welchen Momenten du dich besonders wohl oder unwohl fühlst. Dann frage dich, welche Bedürfnisse dabei befriedigt werden und welche unerfüllt bleiben.

Situationen

Für die Entstehung von Motivation spielen neben den inneren Bedürfnissen zudem noch die äußeren Situationen eine wichtige Rolle. Motivation ist ein Zustand, der nur für eine bestimmte Zeit anhält. Sie entsteht durch die Wechselwirkung von andauernden Bedürfnissen einer Person und der aktuellen Situation. Mit Situation meint man Umwelteinflüsse wie Menschen, Informationen, Objekte aber auch Räume. Jede Situation besitzt bestimmte Anreize, die ein Verhalten auslösen oder anregen können. Je nach Mensch und Ausprägung werden Situationen unterschiedlich wahrgenommen und interpretiert, weshalb es zu unterschiedlichen Reaktionen in der derselben Situation kommt. Es treffen also individuelle Bedürfnisse auf einen situativen Anreiz. Deshalb handelt jeder Mensch unterschiedlich in der gleichen Situation und dies führt zu verschiedenen Ergebnissen.

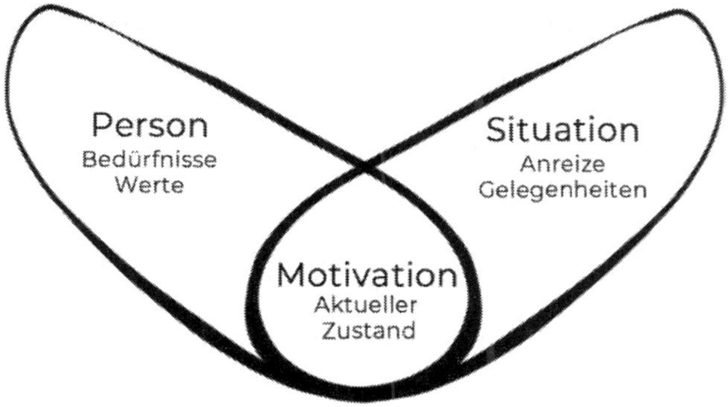

Es wäre also von Vorteil, dich in günstige Situationen zu bringen, wenn ein Verhalten verstärkt werden soll. Andersherum wäre es unterstützend schon im Vorhinein ungünstige Gelegenheiten zu vermeiden, wenn es darum geht ein Verhalten abzulegen, damit du erst gar nicht in Versuchung gerätst. Wenn du beispielsweise mehr Sport treiben willst, dann solltest du mehr mit sportlichen Personen abhängen. Wenn deine Freunde oft Sport treiben, ist die Wahrscheinlichkeit hoch, dass du früher oder später auch mit zum Sport gehst. Denn du wirst von den Personen in deinem Umfeld stark beeinflusst. Wenn du keine sportlichen Mitmenschen hast, wird es dir schwerer fallen, dich selbstständig zum Sport zu bewegen, da du dich jedes Mal bewusst dazu entscheiden müsstest.

Intrinsisch und Extrinsisch

Motivation wird außerdem in intrinsisch und extrinsisch unterteilt. Wenn der Anreiz für das Verhalten bereits in der Handlung selbst oder unmittelbar danach liegt, spricht man von intrinsischer Motivation. Man macht demnach etwas um der Handlung selbst willen. Also als Selbstzweck und nicht, weil man sich von außen etwas Vorteilhaftes davon verspricht. Beispielsweise lernt jemand gerne, weil er neugierig ist. Die neuen Erkenntnisse sind der Grund für das Verhalten. Weil Lernen an sich die Person befriedigt, steigt dadurch auch die Leistung durch mehr Leidenschaft im Handeln. Hinzu kommt, dass man viel resistenter gegenüber Rückschlägen ist und eher bei der Sache verbleibt.

Dann gibt es noch die extrinsische Motivation. Hier liegt der Anreiz nicht in der Handlung selbst, sondern in deren Folge als Ergebnis. Also als Mittel zum Zweck und nicht, weil man diese Aufgabe gerne tut. Beispielsweise lernt eine Person nur um ihre Prüfung zu bestehen, weil sie später dadurch ihren Traumberuf erlangen möchte. Der Anreiz liegt folglich im späteren Ergebnis und nicht im jetzigen Verhalten.

Der extrinsische Anreiz kann außerdem das Vermeiden eines Schmerzes sein. Beim Beispiel mit dem Lernen wäre das Durchfallen in der Prüfung schmerzhafter als das widerwillige Lernen und wird deshalb im Vorhinein vermieden. Wir wiegen also ab, welcher Schmerz das kleinere Übel ist, und entscheiden uns dann für diesen. Bei vielen schlechten Gewohnheiten im Alltag ist es jedoch so, dass der Verzicht auf die Befriedigung viel schmerzhafter ist als die negativen Folgen der schlechten Gewohnheit. Deswegen ist es auch so schwer, diese Angewohnheiten zu beenden. Übersteigt der Schmerz der schlechten Gewohnheit aber eines Tages den Schmerz des Verzichts, dann fördert das die extrinsische Motivation enorm. Bei dem Erreichen eines Tiefpunkts passiert es oft, dass der Leidensdruck durch die schlechte Gewohnheit den Schmerz des Verzichts übertrifft. Das kommt beispielsweise dann vor, wenn ein Raucher mit Krebs diagnostiziert wird. Dieser Schmerz lässt ihn sofort mit dem Rauchen aufhören, weil der Tod durch Krebs für ihn etwas viel Schmerzhafteres ist als der Entzug vom Rauchen. Die bessere Alternative wäre es aber, schon im Vorhinein Vorkehrungen zu treffen, um erst gar nicht auf solch einen extremen

Wendepunkt zu stoßen. Denn diese sofort notwendige Art von Veränderung ist eine sehr unangenehme. Das Problem ist jedoch, das alle verstehen das beispielsweise Rauchen zu Krebs führen kann aber sehr wenige wissen, wie es sich tatsächlich anfühlt mit Krebs diagnostiziert zu werden. Viele nehmen diesen Schmerz auf die leichte Schulter, weil sie noch nie Erfahrungen mit diesem Gefühl gemacht haben. Hier kann es helfen, sich die schmerzhafte Situation im Kopf genau vorzustellen, um passende Gefühle in einem hochkommen zu lassen. Diese Gefühle sind häufig sehr schmerzhaft, weswegen sie einem aufzeigen, dass man sie unbedingt vermeiden sollte.

Um nun herauszufinden, ob du für etwas intrinsisch oder extrinsisch motiviert bist, frage dich einfach, ob du diese Handlung auch tun würdest, ohne etwas dadurch zu verändern. Wenn deine Antwort Ja lautet, dann bist du sehr wahrscheinlich intrinsisch für diese Handlung motiviert. Die intrinsische Art von Motivation wird als angenehm wahrgenommen, weil sie direkt unsere Bedürfnisse befriedigt. Sie treibt uns dauerhaft an und führt zu einem selbstbestimmten Leben. Die extrinsische Motivation hingegen wird als anstrengend wahrgenommen, weil unsere Bedürfnisse nicht direkt durch die Handlung selbst, sondern als deren Folge von außen befriedigt werden. Sie nimmt uns deshalb die Freude an der Tätigkeit und kann zu innerer Entfremdung führen. Deshalb sollte es immer unser Ziel sein, einer Tätigkeit aus intrinsischer Motivation heraus nachzugehen.

Doch die meisten Tätigkeiten sind nicht völlig extrinsisch oder intrinsisch, sondern irgendwo dazwischen. Die Motivation wird deshalb in sechs Motivationsstufen unterteilt. Die Allererste Stufe bildet die Amotivation, bei der keine Handlungsabsicht besteht, weil die Handlung nicht zum Ergebnis führt oder die eigene Kompetenz dafür einfach fehlt. Erst in der nächsten Stufe, der sogenannten external extrinsischen Motivation entsteht nötige Motivation aufgrund von äußerem Druck und Ansprüchen. Du erfüllst demnach die an dich gestellten Erwartungen bloß, weil du es musst. In der dritten Stufe folgt dann die introjizierte Motivation, bei der durch inneren Druck und Ansprüche die Motivation entsteht. Obwohl keine äußeren Erwartungen vorhanden sind, wird die Handlung trotzdem als von außen verursacht erlebt, weil äußere Anschauungen nun für die eigenen Überzeugungen gehalten werden. Als nächste

Stufe folgt die identifizierte extrinsische Motivation, bei der die Handlung als selbst verursacht erlebt wird. Die eigenen Ziele erscheinen einem sinnvoll und werden freiwillig angestrebt, weil man sich mit ihnen identifizieren kann. Die fünfte Stufe ist die integrierte extrinsische Motivation, bei der die Handlung nun zum Selbst integriert wird, weil sie mit den eigenen Werten und Bedürfnissen übereinstimmt. Aus diesem Grund wird das eigene Handeln auch als erfüllend erfahren. Als letzte und gleichzeitig beste Stufe folgt dann die intrinsische Motivation, weil das Handeln aus völlig eigenem Interesse ausgeführt wird. Die Aktivität bereitet einem Freude und eine im Handeln selbst liegende Befriedigung.

Gute Planung ist die halbe Miete

Wenn du eine Tätigkeit langfristig ausführen willst, sollte diese immer so intrinsisch wie möglich sein. Ansonsten müsstest du dich ständig extrinsisch durch äußeren Druck oder Belohnungen für unangenehme Tätigkeiten auf Trab halten. Das Problem ist jedoch, dass nicht jede Tätigkeit aus intrinsischer Motivation heraus und voller Vergnügen angegangen werden kann. Es müssen auch mal Aufgaben hingenommen werden, die Anstrengung und Geduld abverlangen. Doch um trotzdem langfristig am Ball zu bleiben und ein selbstbestimmtes Leben zu führen, musst du immer versuchen, so nah an die intrinsische Motivation zu kommen wie nur möglich. Bevor du in die Umsetzung gehst, solltest du deshalb davor unbedingt erst einen effektiven Plan erstellen. Damit dieser dich auf dem Weg zu mehr intrinsischer Motivation unterstützt, dir die nötige Struktur liefert und dich fokussiert ans Ziel bringt. Dadurch wird dir die Umsetzung wesentlich einfacher gelingen und du wirst eher ans Ziel gelangen. Andernfalls wirst du, wenn du einfach nur blind drauf loslegst, öfter scheitern, die Motivation verlieren und aufgeben.

Finde heraus, was du wirklich willst

Zuallererst musst du etwas von selbst wollen, um überhaupt den nötigen Willen ausbilden zu können. Denn häufig tun wir Dinge, weil wir denken, wir müssen sie machen. Es gibt zwar Aufgaben die müssen erledigt werden, aber je selbstbestimmter du eine Aufgabe verfolgst, desto einfacher wird sie dir fallen, weil du sie aus intrinsischer Motivation heraus angehst. Dich zu etwas zu zwingen, was du eigentlich nicht willst, kostet dich sehr viel Energie. Wenn du weißt, was du willst, dann solltest du begründen können, warum du es überhaupt willst. Wenn dir klar ist warum du etwas erreichen willst, wirst du leichter ins Handeln kommen.

Wenn dir aber nicht klar ist, warum du etwas tust, wird es dir sehr schwerfallen, am Ball zu bleiben. Die wichtigste Quelle für Disziplin ist folglich, einen Grund für die Anstrengung zu haben. Setzte dir Ziele, für die es sich lohnt, sich anzustrengen. Diese Ziele sind dein innerer Kompass, welche dir die Richtung und einen Sinn vorgeben. Ohne ein genaues Ziel wirst du hingegen nicht wissen, wohin du dich bewegen willst und stattdessen orientierungslos herumtreiben. Ziele zu definieren bedeutet, ein bewussteres Leben zu führen. Menschen, die sich Ziele setzten, erreichen diese deshalb auch sehr viel wahrscheinlicher, weil sie im Alltag bessere Entscheidungen treffen, die sie näher an ihr Ziel bringen und so weniger impulsgesteuert leben. Doch wie findet und setzt man sich eigentlich Ziele?

Was willst du erreichen?

Um mit deinen Zielen glücklich zu werden, sollten diese deinen wirklichen Bedürfnissen und Werten entsprechen. Deshalb solltest du die wahren Beweggründe hinter deinen Zielen aufdecken. Um herauszufinden, was du wirklich willst, musst du deiner eigenen Stimme zuhören. Wichtig ist hierbei, dass du dich von äußeren Ansprüchen und Ängsten befreist. Sammle alle deine Ideen und Interessen auf einem Blatt und schreibe wirklich nur das auf, was du selbst willst. Es spielt keine Rolle was andere von dir erwarten, denn nur indem du deine eigenen Interessen verfolgst, kannst du intrinsisch motiviert werden. Versuche es also erst gar nicht, es allen recht machen zu wollen. Denn oft verwandelt sich die anfängliche Ablehnung anderer in Respekt, sobald deine eigenen Ziele erreicht sind und du damit zufrieden ist. Bleibe bei der Bildung deiner eigenen Ziele aber realistisch und herausfordernd zugleich, damit die richtige Ambition entstehen kann. Überschätze dich dabei aber nicht, indem du dir jede Menge große Ziele setzt. Entscheide dich stattdessen beispielsweise für eine Handvoll langfristige Lebensziele, die du durch eine Handvoll kurzfristige Ziele erreichen willst.

Lass dir mit deinen Zielen ruhig etwas Zeit und reflektiere dein bisheriges Leben. Was ist dir wichtig, was stört dich und wofür bist du dankbar im Leben? Es kann auch hilfreich sein, dir eine Vision zu deinen Zielen vorzustellen, um angenehme Gedanken und Gefühle mit deinen Zielen zu verknüpfen. Solch eine Vision wirkt zusätzlich motivieren, indem es dich in einen positiven Zustand versetzt. Ein visuelles Ziel brennt sich auch viel mehr in dein Gedächtnis ein, wodurch du auch langfristig viel fokussierter auf das Ziel hinarbeiten wirst. Kreiere dir dazu eine ideale Szene deines zukünftigen Lebens in deinem Kopf. Wie sieht dein Leben in Zukunft aus? Wer bist du, was erlebst du? Wie siehst du aus und wer ist an deiner Seite? Du kannst diese Vision an etwas festmachen, wie etwa einen Song oder einen Gegenstand, um dich dadurch an diese Szene zu erinnern. Du hast deine Ziele nun mit einer angenehmen Szene verknüpft, die du gerne erreichen möchtest. Deshalb wirst du auch viel motivierter darauf hinarbeiten.

Warum willst du es erreichen?

Nachdem du nun alle möglichen Ideen und Interessen gesammelt hast, betrachte diese Ziele und frage dich selbst, warum du sie gerne erreichen möchtest. Denn hinter jedem deiner Wünsche und Absichten verbergen sich bestimmte Bedürfnisse und Wertvorstellungen. Finde heraus welche Bedürfnisse und Werte sich hinter deinen Zielen verbergen und hinterfrage deine Absichten. Wenn du genau weißt, was die

Gründe für deine Ziele sind, kannst du viel besser entscheiden, was du wirklich erreichen willst und dementsprechend deine Ziele besser an deine Bedürfnisse und Werte anpassen. Das daraus entstandene Warum gibt deinen Zielen einen Sinn und bildet deine Motivation. Ohne ein Warum hast du auch keinen inneren Antrieb und handelst nur halbherzig nach deinen Zielen. Ausreden und Aufschieberei fallen dann viel leichter. Du solltest dir unbedingt etwas aus ganzem Herzen vornehmen, damit du auch in anstrengenden Zeiten und trotz aller Schwierigkeiten durchhältst.

Wie willst du es erreichen?

Jetzt solltest du deine Ziele genau formulieren, damit dir klar ist, was zu tun ist. Ansonsten werden dich ungenaue Formulierungen davon abhalten, ins Handeln zu kommen. Denn viele scheitern bereits zu Beginn, weil ihnen einfach nicht klar ist, was sie tun müssen, um ans Ziel zu kommen. Setze dir genau definierte Ziele, damit du weißt, was du dafür tun und wer du dafür werden musst. Setzte dir zum Beispiel nicht das Ziel „ich will abnehmen“, sondern vielmehr „ich werde bis nächstes Jahr 10 kg abnehmen, indem ich jeden Tag 200 kcal weniger esse“. Dadurch weißt du, was du konkret tun musst, um jeden Tag deinem Ziel einen Schritt näher zu kommen.

Wann willst du es erreichen?

Frage dich wie viel Zeit du für dein Ziel benötigen wirst und bis wann das Ziel erreicht sein soll. Denn durch eine selbst gesetzte Frist wirst du mehr Druck verspüren. Denn Druck bereitet dir Stress, was nicht immer etwas Negatives sein muss. Wenn du beispielsweise morgens um eine bestimmte Uhrzeit aufstehen musst, um nicht zu spät bei der Arbeit zu erscheinen, hast du keine andere Wahl als dich zu überwinden. Wenn dieser Druck allerdings fehlt, wird es dir sehr viel schwerer fallen, dich jeden Morgen zu überwinden früh aufzustehen. Wenn kein Stressfaktor vorhanden ist, erschaffe dir selbst einen. Das klingt verkehrt, aber du brauchst nun einmal eine gesunde Menge an Stress, um dich überhaupt aufzurappeln. Du kannst dir diesen Druck so wie Luft in einem Luftballon vorstellen. Wenn überhaupt keine Luft im Ballon vorhanden ist, dann liegt er nur schlapp herum. Wenn die optimale Menge an Luft in den Ballon geblasen wird, ist er in der Lage zu fliegen. Doch wenn zu viel Luft in den Ballon geblasen wird, dann platzt er unter zu viel Druck.

Mit einem gesunden Maß an Druck wirst du außerdem deine Aufgaben weniger vor dich hinschieben und schneller am Ziel ankommen. Zudem bist du auch viel motivierter, weil dir nun klar ist wann das Ziel erreicht sein wird. Wenn das Ziel stattdessen überwältigend und in weiter Ferne wirkt, dann kann es demotivierend wirken. Setze dir deshalb bei großen Zielen unbedingt kürzere Teilziele, die du in kleineren Schritten fokussierter abarbeiten kannst. Denn durch das Erreichen kleinerer Ziele hast du schnellere Erfolgserlebnisse, wirst selbstsicherer und motivierter. Teilziele helfen dir dabei, leichter größere Aufgaben zu bewältigen und dabei immer die Übersicht zu bewahren.

Wo willst du es erreichen?

Durch die Situation hast du gelernt, dass die richtige Umgebung für den Erfolg eine wichtige Rolle spielt. Frage dich deshalb, welche Umgebungen förderlich sind und welche Umgebungen es zu vermeiden gilt. Es macht einen großen Unterschied, ob man beispielsweise allein Zuhause lernt, wo es jede Menge Ablenkungen gibt oder in der Bibliothek zusammen mit Leidensgenossen. Obwohl die Handlung dieselbe bleibt, verändert sich der Schwierigkeitsgrad der Umsetzung deutlich, durch eine einfache Veränderung der Umgebung. Das liegt daran, weil Informationen, Objekte, Menschen und Räume uns zu einem großen Teil beeinflussen. Suche dir bewusst eine Umgebung aus, in der du dich wohlfühlst, um deine intrinsische Motivation zu fördern.

Erstelle einen effektiven Plan

Wenn du deine Ziele erreichen willst, dann solltest du außerdem einen Plan erstellen, anstatt einfach nur Ziele zu formulieren. Denn allein Ziele und Gründe zu haben reicht nicht aus, um endlich in die Umsetzung zu kommen. Erst wenn dir klar ist, wie du zum Ziel gelangst, wirst du dort auch wirklich ankommen können. Die Tätigkeit ist viel wichtiger als das Ergebnis. Denn ein Ziel ist bloß auf das Ergebnis fokussiert und gibt dir die Richtung vor, während der dazugehörige Plan dir aufzeigt, wie du den Weg zum Ziel gehst. Zudem schafft ein Plan Struktur, je strukturierter du Aufgaben angehst, desto leichter lassen sie sich erledigen. Denn dadurch gibt es im Alltag eine gewisse Kontinuität. Ein Plan hilft dir, in einen Rhythmus zu kommen und so wiederkehrende Aufgaben immer wieder zu erledigen. Du musst also nicht ständig an bevorstehende Aufgaben denken und in Stress geraten, weil diese bereits ihren festen Platz in deinem Alltag haben. Anstehende Aufgaben werden dadurch nicht mehr so oft aufgeschoben, weil nun Zeitpunkt und Dauer klar definiert sind. Ohne einen Plan hingegen musst du dich immer wieder neu organisieren, was unnötig viel Aufwand bedeutet.

Ein Plan kann dir außerdem dabei helfen, viel effektiver Aufgaben zu erledigen. Das spielt vor allem dann eine wichtige Rolle, wenn du langfristige Aufgaben zu bewältigen hast. Stell dir vor, du müsstest einen einzigen Baum fällen. Aus Sicht der Zeit wäre es unsinnig, sich stundenlang mit dem Fällen eines Baumes zu beschäftigen, statt es einfach anzugehen. Denn bis du endlich so weit wärst, ihn auf die perfekte Weise zu fällen, hätte der Baum bereits zehnmal gefällt sein können. Wenn du jedoch einen ganzen Wald fällen müsstest, wäre es schlau, dich im Vorhinein darauf vorzubereiten. Denn dieser kurze Aufwand zu Beginn wird dir später viel Zeit und Arbeit ersparen, weil dir nun klar ist, wie du möglichst effektiv einen Baum fällst.

Erstelle dir vor der Umsetzung unbedingt einmal einen effektiven Plan, der dir langfristig viel Arbeit abnehmen wird. Am sinnvollsten wäre es dafür einen Wochenplan zu erstellen, den du jede Woche wiederholen kannst. Dabei solltest du dich aber nicht überplanen, sondern auch Freizeiten mit einplanen. Nehme dir einen Tag in der Woche komplett frei, indem du nur entspannst. In den restlichen Tagen kannst du dann die eine Hälfte für Arbeit und die andere Hälfte für Freizeit einplanen. An den einzelnen Tagen wäre es dabei praktisch, immer zur selben Uhrzeit aufzustehen und dann die wichtigste Aufgabe als Erstes zu erledigen. Denn morgens sind wir erholt und können uns daher besser auf Aufgaben fokussieren. Außerdem gibt es morgens viel weniger unvorhersehbare Ereignisse, die dich stören könnten als mittags und abends, weil auch viele andere um diese Uhrzeit am Arbeiten sind. Wenn die wichtigsten Aufgaben bereits am Morgen erledigt sind, dann hast du später auch die Zeit, um beispielsweise spontan etwas mit deinen Freunden zu unternehmen. Dabei kannst du die Entspannung auch viel mehr genießen, weil du sie dir wirklich verdient hast. Die einzelnen Aufgaben solltest du in verschiedene Blöcke unterteilen, in denen du für eine bestimmte Zeit nur diese eine

Aufgabe erledigst. Nehme diese Blöcke dabei wie Termine wahr, damit dir klar ist, dass du immer um diese Uhrzeit jene Aufgabe zu erledigen hast. Dadurch steigt die Wahrscheinlichkeit der Umsetzung, weil du nun in einen Rhythmus kommst. Vergiss jedoch nicht auch Pausen und Pufferzeiten zwischen den Aufgaben einzuplanen. Kleinere und dringende Aufgaben, die immer mal wieder im Alltag dazwischenkommen, kannst du dir auf eine To-do Liste aufschreiben. Dies hilft dir, den Chaos in deinem Kopf zu ordnen. Indem du kleine nervige Alltagsaufgaben auf einer To-do Liste abspeicherst, brauchst du dir darüber außerdem nicht mehr ständig sorgen zu machen, sondern kannst von ihnen Abstand nehmen. Das hat den Vorteil, dass du immer einen klaren Kopf beibehälst und nicht in Stress gerätst. Gegen Abend empfehle ich dir, keine Aufgaben mehr zu erledigen. Nur so kommst du zur Ruhe und kannst dich entspannen, um wieder genug Energie für den nächsten Morgen zu sammeln.

Der Plan soll dir Arbeit abnehmen und nicht stressen. Wenn also mal etwas Wichtiges oder Unvorhersehbares dazwischenkommt, dann kannst du den Plan auch mal auslassen. Du brauchst dich nicht ständig fix an den Plan halten, sondern kannst auch flexibel sein. Der Plan dient als Leitbild. Es wird dir wahrscheinlich auch nicht immer genau gelingen, die genauen Uhrzeiten einzuhalten. Darum geht es auch nicht bei einem Plan, vielmehr geht es darum in einen Rhythmus zu kommen, wobei die Zeit grob als Anhaltspunkt dient.

🕘	MO	Di	Mi	DO	FR	SA	SO
8-10	Arbeit	Arbeit	Arbeit	Arbeit	Arbeit	Ausschlafen	Ausschlafen
10-12	Arbeit	Arbeit	Arbeit	Arbeit	Arbeit		
12-14							Familie
14-16	Sprache lernen		Sprache lernen		Sprache lernen		Familie
16-18		Sport		Sport		Sport	
18-20						Freunde	
20-22	Buch lesen		Buch lesen		Buch lesen	Freunde	
22-00							

Damit du nun später auch erfolgreich deine Ziele umsetzen kannst, solltest du während der Erstellung deines Wochenplans außerdem die folgenden Punkte beachten.

Prioritäten setzen

Bei einem Plan musst du deine Zeit gut einteilen, weil deine Lebenszeit nun einmal nicht für alles im Leben ausreicht. Du kannst nicht Profisportler werden und gleichzeitig ein Unternehmen aufbauen, während du Zeit mit deiner Familie verbringen willst. Wenn du in etwas sehr gut sein willst, musst du dich dafür ins Zeug legen. Dies verlangt viel Zeit und Energie. Wodurch du automatisch in anderen Bereichen nur mittelmäßig erfolgreich sein wirst. Oder du entscheidest dich für mehrere Ziele, in denen allen du nur mittelmäßig sein willst.

Auf das Wesentliche konzentrieren

Viele machen bei der Erstellung vom Plan den Fehler, dass sie sehr perfektionistisch vorgehen. Das ist aber eher kontraproduktiv, weil je mehr ins Detail gegangen wird, desto mehr Aufwand wird für die Umsetzung benötigt. Daher solltest du dich bei der Erstellung deines Plans unbedingt auf das Wesentliche konzentrieren. Also dem Kern der Sache, der dich mit möglichst wenig Aufwand möglichst viel erreichen lässt. Konzentriere dich deshalb vor allem am Anfang nur auf die großen wichtigen Aufgaben, die dich am effektivsten an dein Ziel bringen. Wenn dir später die Umsetzung leichtfällt, kannst du deinen Plan immer noch mit weiteren detaillierten Aufgaben umfassender gestalten. Indem du dich nur auf das Wesentliche konzentrierst und die weniger Effektiven Aufgaben weglässt, wird die Aufgabe viel einfacher umzusetzen sein, weil du weniger tun muss für ein ausreichendes Ergebnis. Es geht nämlich darum, so effektiv wie möglich zu sein statt perfektionistisch.

Dafür musst du aber erst recherchieren und lernen, um genug Wissen über die Aufgabe anzueignen. Damit du überhaupt in der Lage bist, die am besten geeigneten Aufgaben herauszufiltern. Dieser Aufwand zu Beginn kostet dich zwar extra Anstrengung, er lässt dich aber langfristig effektiver ans Ziel kommen. Langfristig kommt es nur darauf an, die wichtigen und richtigen Dinge zu tun. Außerdem hat es auch den nützlichen Nebeneffekt, dass wenn du an deinen Plan und an dessen positive Auswirkungen glaubst, die Handlung auch viel freiwilliger ausführst. Du tust die Tätigkeit also intrinsischer, weil du nun eine viel positivere Beziehung zu dieser Tätigkeit aufgebaut hast. Andersherum kannst du diesen Effekt auch nutzen, um von schlechten Handlungen abzulassen, weil dir nun auch deren schädliche Folgen viel bewusster geworden sind.

Realistische Aufgaben

Ein sehr wichtiger Punkt ist außerdem, dass der Plan auf jeden Fall realistisch sein sollte. Denn wir neigen zu Beginn durch übermäßige Motivation oft dazu, uns viel zu viel vorzunehmen und uns völlig zu überschätzen. Denn wir wollen sofort Ergebnisse sehen. Nach ein paar Wochen normalisiert sich die Motivation aber wieder und wir scheitern, was uns letzten Endes dann demotiviert. Du solltest deswegen langfristig und vorausschauend planen. Nimm dir immer genau so viel vor, sodass du gefordert bist, aber nicht überfordert und auch nicht unterfordert bist. Denn es geht darum, wenig und dafür konstant zu arbeiten. Wenn du nach einer gewissen Zeit merkst, dass dir die Umsetzung leichtfällt, dann kannst du deine Anforderungen wieder leicht erhöhen. Frage dich zudem, welche Hindernisse es in Zukunft geben könnte, damit du diese schon im Vorhinein vermeiden kannst, das erspart dir jede Menge Probleme in Zukunft.

Mit Attraktivität verknüpfen

Du solltest die Aufgabe so attraktiv und komfortabel wie nur möglich gestalten, um diese Tätigkeit auch langfristig durchführen zu können und zu wollen. Dabei verbindest du eine unangenehme Aufgabe mit einer angenehmen Tätigkeit. Dies machen wir bereits in vielen Bereichen unseres Alltags. Beispielsweise hören wir beim Sport unsere Lieblingsmusik an, was für gute Laune sorgt. Solche angenehmen Tätigkeiten nehmen anstrengenden Aufgaben die Unattraktivität. Aufgaben müssen nicht unbedingt anstrengend sein, damit sie wirkungsvoll sind, sondern sie müssen einfach nur erledigt werden, egal auf welche Art und Weise. Frage dich also, wie du deine Aufgaben so angenehm wie nur möglich gestalten kannst. Wenn dir eine unliebsame Aufgabe dadurch nun attraktiver erscheint, fördert das die intrinsische Motivation.

Wie du Disziplin erlangst

Nachdem du nun die richtige Motivation als Abtrieb und einen optimalen Plan für den Prozess entwickelt hast, kommen wir nun zur Umsetzung. Erst durch die Umsetzung werden deine Ziele tatsächlich zur Realität. Auch wenn du nun eine gute Grundvoraussetzung für das Erreichen deiner Ziele hast, warten immer noch viele Hindernisse auf dem Weg dorthin. Die Umsetzung ist der schwierigste Teil, weil hier nun das eigene Verhalten durch Disziplin gelenkt werden muss. Disziplin ist die Fähigkeit, das eigene Verhalten bewusst zu steuern, um damit Ziele zu erreichen. Diese Selbstkontrolle erfordert psychische Energie in Form von Willenskraft.

Die Willenskraft ist vergleichbar mit einem Muskel, der nach jedem Einsatz an Kraft verliert. Wenn du etwas unfreiwillig tust, dann erschöpft sich deine Willenskraft sogar noch schneller. Sie ist also begrenzt, wobei sie am Morgen stärker ist als am Abend, weil du sie im Alltag eben verbrauchst. Wenn sie dann mal komplett aufgebraucht ist, erliegst du viel schneller deinem Verlangen, weil die Willenskraft viel zu erschöpft ist, um dagegen standzuhalten.

Sie kann aber durch Entspannung und Erholung wieder aufgeladen werden. Deswegen sind ausreichend Schlaf und energiereiche Ernährung notwendig, um genug Willenskraft zu besitzen. Auch während des Tages kann die Willenskraft immer wieder ein wenig aufgeladen werden, durch Abwechslung, Pausen und Ruhe. Sie wird aber trotzdem immer begrenzt bleiben. Das Interessante daran ist jedoch, dass du deine Willenskraft durch regelmäßige Beanspruchung langfristig trainieren kannst, um so mit der Zeit immer mehr zu erledigen. Wenn du eine Aufgabe erfolgreich umgesetzt hast, dann wird dir die nächste Aufgabe dir viel leichter vorkommen. Die Willenskraft ist außerdem generalisierbar, weil Disziplin in einem Bereich auch positive Folgen für andere Bereiche im Leben hat. Wenn du beispielsweise regelmäßig Sport treibst, hat das auch positive Auswirkungen für andere Lebensbereichen.

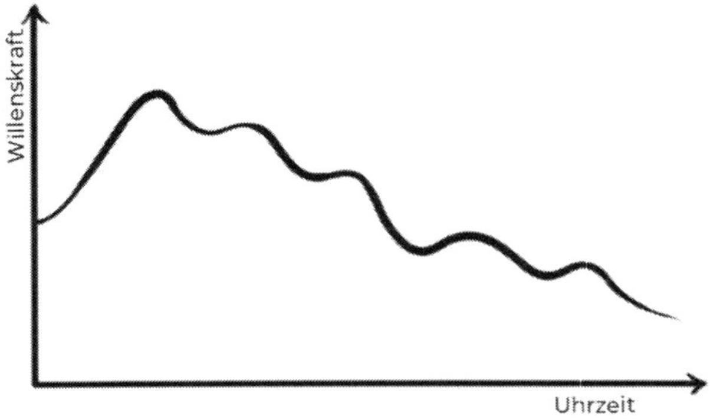

Weil Willenskraft begrenzt ist, solltest du es vermeiden gleichzeitig mehrere große Vorsätze umsetzen zu wollen. Denn Veränderung verbraucht viel Willenskraft, weil sie bewusst geschieht. Deine Willenskraft wird also nicht ausreichen und du wirst schon nach kurzer Zeit erschöpft sein, noch bevor du überhaupt eines deiner Ziele erreicht hast. Die einzelnen Aufgaben beeinträchtigen sich demnach gegeneinander, weil die Willenskraft auf unterschiedliche Bereiche verteilt werden muss. Dadurch scheiterst du dann in allen Bereichen und gibst wahrscheinlich schon nach kurzer Zeit auf. Konzentriere dich deshalb lieber nur auf ein einziges Ziel, welches du in kleinen machbaren Schritten umsetzt. Weil so die Aufgabe mühelos regelmäßig wiederholt werden kann. Langfristig wirst du dadurch viel mehr erreichen können als kurzfristig in großen Schritten. Wenn du dir zu viel vornimmst, dann erzielst du zwar viel schneller Ergebnisse, aber spätestens nach ein paar Wochen wirst du ungenauer werden, bis du es irgendwann komplett aufgibst. Die Regelmäßigkeit macht es also aus und nicht die Menge. Indem du deine Aufgaben in machbaren Schritten erledigst, wird sie viel angenehmer sein, was dich dazu bewegt, sie regelmäßiger zu erledigen. Erscheint dir die Aufgabe hingegen anstrengend und unangenehm, dann musst du dich immer dazu zwingen müssen.

Bei kleinen regelmäßigen Aufgaben wirst du die Veränderung nicht direkt bemerken. Wenn du heute beim Sport warst, wirst du morgen nicht gleich ein Athlet werden. Andererseits ist das auch vorteilhaft, denn durch einen Tag ungesunder Ernährung wirst du am nächsten Tag auch nicht sofort übergewichtig werden. Erst wenn du ein Verhalten regelmäßig wiederholst, wird sich das langfristig sichtbar machen. Vor allem zu Beginn wirst du aber wahrscheinlich sehr motiviert sein und schnelle Resultate sehen wollen. Du solltest dich allerdings nicht krampfhaft auf das Ergebnis fokussieren, denn das ständige Kontrollieren der bisherigen Ergebnisse kann frustrierend sein und an der Richtigkeit des Handelns zweifeln lassen. Fokussiere dich lieber auf den Prozess und hab Vertrauen in deinen Plan. Denn wenn du davor gute Arbeit geleistet hast, wird dich dein Plan über kurz oder lang sicher ans Ziel bringen.

Deine Ziele in realistischen Schritten zu verfolgen hat noch einen weiteren großen Vorteil. Denn dadurch, dass du deine Aufgaben nur in machbaren Schritten erledigst, hast du mehr Erfolg bei der Umsetzung und verbessert damit auch deine Selbstwirksamkeitserwartung. Die Selbstwirksamkeit ist die Überzeugung von den eigenen Fähigkeiten, erforderliche Handlungen zum Erreichen eines Ziels ausführen zu können. Also das du beispielsweise daran glaubst, fähig zu sein, eine Diät einzuhalten. Allein dieser Glaube ist eine wichtige Ursache für Erfolg. Denn Menschen mit einer geringen Selbstwirksamkeit geben schneller auf und neigen eher zu Stress. Menschen mit einer hohen Selbstwirksamkeit haben hingegen höhere Ansprüche an sich selbst und bleiben trotz Rückschlägen eher dran. Durch eine hohe Selbstwirksamkeitserwartung hat man mehr Ausdauer, Erfolg und Frustrationstoleranz.

Umso mehr du davon überzeugt bist, ein Ziel zu erreichen, desto mehr strengst du dich an und desto wahrscheinlicher ist auch die tatsächliche Zielerreichung. Die Selbstwirksamkeit ist folglich eine sich selbst erfüllende Prophezeiung, die bei der Erreichung von Zielen von großer Bedeutung ist. Sie funktioniert dabei wie eine Spirale, denn höhere Selbstwirksamkeit führt zu einer besseren Leistung. Bessere Leistungen führen zu einer höheren Selbstbestätigung. Eine höhere Selbstbestätigung führt dann wiederum zu einer höheren Selbstwirksamkeit. Wenn du ein Ziel erreicht hast, glaubst du an deine eigenen Fähigkeiten, was positive Folgen für die nächsten Ziele hat. Um deine Selbstwirksamkeit zu steigern, gibt es dabei vier Möglichkeiten.

- Eigene Erfolgserlebnisse: Erfolg bei der Bewältigung einer schwierigen Situation stärkt den Glauben an eigene Fähigkeiten. Eigene Misserfolge demotivieren hingegen.
- Körperliche Reaktionen: Eigene körper-

liche Reaktionen auf Anforderungen zeigen, ob man einer Aufgabe gewachsen ist. Wenn der eigene Körper also problemlos die Anforderungen meistert, fördert das den Glauben an die eigenen Fähigkeiten. Körperliche Überforderungen demotivieren hingegen.

- Stellvertretende Erfahrung: Meisterten andere Personen mit ähnlichen Fähigkeiten eine Aufgabe, traut man sich diese eher zu. Misserfolge solcher Personen demotivieren hingegen.
- Verbale Ermutigung: Menschen denen gut zugeredet wird und mehr zugetraut wird, meistern Situationen besser und strengen sich mehr an. Es spielt jedoch eine wichtige Rolle, von welcher Person diese Ermutigungen stammen und ob man die Worte ernst nimmt.

In den Flow kommen

Du kennst sicherlich einige Leute, die bei dem was sie tun voll und ganz aufgehen, während andere dabei mit Beschwerlichkeit und Langeweile zu kämpfen haben. Das liegt daran, dass die einen im Flow-Erleben sind und die anderen eben nicht. Auch du warst sicherlich schon einige Male im Flow-Zustand, ohne es zu merken. Wenn du dich an solch einen Moment zurückerinnern kannst, dann weißt du sicherlich, wie angenehm und befriedigend dieser Zustand ist. Der Begriff Flow bedeutet so viel wie Fließen – etwas ist in Bewegung, ohne dass es durch äußere Hindernisse gestört wird. Dieses Bild lässt sich in seiner Bedeutung auch auf den psychologischen Zustand übertragen. Denn Flow ist ein mentaler Zustand völliger Vertiefung in eine Tätigkeit, bei der man das Gefühl für die Zeit verliert und vorübergehend alle Sorgen vergisst. Man geht also völlig in der Aufgabe auf, so als würde alles wie von selbst fließen. Deshalb sollte der Flow immer ein erstrebenswerter Zustand sein. Denn dadurch werden die Aufgaben einfacher und effektiver erledigt, während man dabei Befriedigung und Freude verspürt.

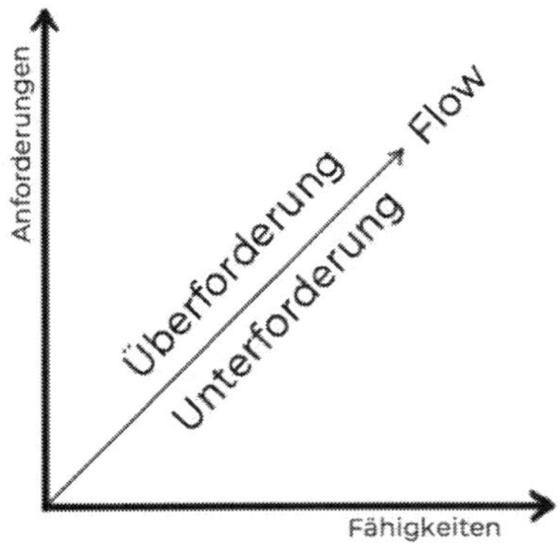

Flow entsteht, wenn eine Aufgabe genau zwischen Herausforderung und Machbarkeit steht. Also das du dich weder überfordert noch unterfordert fühlst, sondern gefordert bist. Dadurch wirst du Erfolgserlebnisse verspüren, weil du der herausfordernden Aufgabe gewachsen bist und sie bewältigen kannst. Hinzu kommt, dass es auch deine Selbstwirksamkeit fördert. Während du im Flow-Zustand bist, zentrierst du deine Aufmerksamkeit völlig auf die momentane Tätigkeit. Wie bei einem Tunnelblick blendest du alles Drumherum aus und bist nur auf diese eine Sache fokussiert. Deine Gedanken sind abgeschaltet und du hörst auf, zu beurteilen und zu bewerten. Du bist also nicht mehr deiner selbst bewusst und verschwendest keine Gedanken mehr daran, wie du auf andere wirken könntest oder ob du gut genug bist. Außerdem wirst du im Flow den Eindruck haben, dein Bewusstsein verschmilzt mit der Handlung. Das heißt, du bist völlig im Hier und Jetzt, während du dich selbst gar nicht mehr als getrennt von der Handlung erlebst. Auch wirst du den Eindruck von starker Kontrolle über die Handlung haben. Obwohl Flow durch Herausforderung entsteht, wird es dir vorkommen alles im Griff zu haben und die Handlung perfekt zu beherrschen. Ein weiteres Merkmal von Flow ist eine verzerrte Zeitwahrnehmung. Es wird dir so vorkommen, als wäre die Zeit besonders schnell oder langsam vergangen. Das liegt daran, dass du nicht mehr auf die Zeit achtest, weil du so sehr in die Handlung vertieft bist.

Wenn du in den Flow kommen willst, dann musst du gewisse Grundbedingungen erfüllen, die Flow sehr wahrscheinlich machen. Als Allererstes muss dir klar sein, was dein Ziel ist. Du weißt also sofort, auf was du hinauswillst und brauchst nicht ständig mental zu prüfen, ob die Handlung richtig ist. Dann musst du es überhaupt schaffen, in die Tätigkeit einzutauchen. Dafür musst du von vornherein Störfaktoren beseitigen. Denn Störungen verhindern permanent, dass du dich auf eine Sache einlassen und vertiefen kannst. Sie können den Zustand des

Flows außerdem sehr schnell unterbrechen. Schon kleine Störungen reichen aus, um dich aus dem Flow zu werfen. Wenn du beispielsweise versuchst, ein Buch zu lesen, aber alle paar Minuten klingelt dein Smartphone, dann wirst du nie in den Flow des Lesens kommen können. Flow entsteht, wenn du ungestört bist.

Eine weitere Bedingung für Flow ist Achtsamkeit. Also die Welt so wahrzunehmen, wie sie jetzt im Moment ist, ohne sich gedanklich wieder in der Vergangenheit oder Zukunft zu verlieren. Denn du musst überhaupt in der Lage sein, dich auf das Hier und Jetzt zu konzentrieren, um das Geschehende auch zu erleben und wahrzunehmen. Diese Fähigkeit übst du, indem du beispielsweise deine Umwelt bewusster wahrnimmst. Flow entsteht nur dann, wenn du in der Gegenwart bist.

Eine weitere Bedingung ist, dass du dem Anspruch der Tätigkeit gerecht wirst, indem du die maximale Leistung aufwendest. Das schaffst du nur durch Übung. Denn erst durch regelmäßiges Trainieren bestimmter Abläufe entwickelt sich eine Kompetenz in einer Tätigkeit. Sodass du dich dabei nicht mehr ständig überfordert fühlst und dich stattdessen mehr auf die Tätigkeit an sich konzentrieren kannst. Am Anfang bist du in einer Tätigkeit oft noch schlecht, weswegen die Tätigkeit auch wenig spaß macht. Doch mit der Zeit und genug Übung wirst du immer besser darin und die Tätigkeit fängt an, Spaß zu machen. Deine eigenen Fähigkeiten passen nun also zu den Anforderungen der Aufgabe. Dadurch werden auch deine Ansprüche an dich selbst steigen, dabei solltest du dich aber nicht überschätzen. Denn wenn du einer Herausforderung nicht gewachsen bist, wirst du dich aufgrund der Misserfolge schnell entmutigt fühlen und die Motivation verlieren. Zu einfach sollte die Tätigkeit auch nicht sein, weil du dich herausgefordert fühlen musst. Denn wenn du die Tätigkeit mit Leichtigkeit bewältigen kannst, dann wirst du dich unterfordert und gelangweilt fühlen. Du solltest die Ansprüche dementsprechend immer wieder leicht erhöhen, denn Flow entsteht nur dann, wenn du gefordert wirst.

Nicht falsch verstehen, diese Grundbedingungen garantieren keinen Flow. Sondern sie sind die Voraussetzung, damit überhaupt Flow-Erleben entstehen kann. Du kannst den Flow-Zustand also nicht erzwingen, indem du einfach nur die Bedingungen erfüllst. Du musst widersprüchlicherweise den Wunsch nach dem Flow-Erleben loslassen, um ihn zu erreichen. Verständlicher wird es, wenn du den Flow mit

Schlaf vergleichst. Denn auch das Einschlafen funktioniert nur dann, wenn du darüber nicht nachdenkst. Wenn du dir aber ständig Gedanken darüber machst, wann und ob du schon eingeschlafen bist, dann wirst du dadurch eben nicht einschlafen können. Je mehr du dich zum Einschlafen zwingst, desto schwieriger machst du es dir. Das Einschlafen und auch das Flow-Erleben funktionieren deshalb dann am besten, wenn du dich einfach drauf einlässt, ohne dir ständig Gedanken darüber zu machen. Schaffe dir die Grundbedingungen für Flow und mache dir danach keine weiteren Gedanken darüber, sondern vertiefe dich in deine Handlung.

Indem du bestimmten Aufgaben im Flow nachgehst, wirst du darin völlige Befriedigung fühlen. Du gehst der Aufgabe also deshalb nach, weil dir die Aufgabe selbst Freude bereitet und nicht wegen potenzieller Folgen. Wenn du den Flow-Zustand erlebst, dann bist du völlig intrinsisch motiviert und gehst der Handlung gerne nach. Durch die hohe Konzentration im Flow wirst du auch leistungsfähiger beim Erledigen der Handlung werden. Das Flow-Erleben kann außerdem helfen, abstand von ständigem Grübeln zu nehmen. Denn im Flow werden die Gedanken zurückgefahren und die Handlung vertieft. Es hilft demnach, hin und wieder mal die

Gedanken abzuschalten und einfach zu machen. Um deine Ziele mit Leichtigkeit umzusetzen, solltest du deshalb immer versuchen, darin in den Flow-Zustand zu kommen.

Vorbei mit Aufschieberei

Bestimmt kennst du das Problem, dass du genau weißt, was du zutun hast, aber du legst trotzdem nicht los. Irgendwie findest du immer eine Ausrede, dich mit irgendetwas anderem zu beschäftigen. Bis der Tag rum ist und du zwar viele kleine Aufgaben abgearbeitet hast, aber diese eine große und wichtige Aufgabe bereitet dir immer noch ein schlechtes Gewissen, weil du es schon wieder auf den nächsten Tag verschieben musstest. Wenn diese Aufschieberei dann mehrere Tage oder sogar Wochen geht, werden Stress und Unzufriedenheit immer belastender. Fairerweise muss gesagt werden, das gelegentliches Aufschieben von unangenehmen Tätigkeiten völlig normal ist. Doch wenn es irgendwann so weit ausartet, dass sich daraus massive Probleme in deinem Leben ergeben, dann spricht man von Prokrastination.

Der Grund für die ständige Prokrastination ist, dass dir die bevorstehende Aufgabe unangenehm vorkommt, weshalb sie von dir ständig vermieden wird. Du prokrastinierst also, weil du eine negative Sicht auf die bevorstehende Aufgabe hast. Das kann daran liegen, dass die Aufgabe überwältigend wirkt und du diese bestmöglich erledigen willst. Noch bevor du überhaupt mit der Aufgabe begonnen hast, direkt ein perfektes Ergebnis haben zu wollen, ist realistisch betrachtet unwahrscheinlich. Aus Angst vor Misserfolgen prokrastinierst du deshalb lieber. Du brauchst dich aber nicht unnötig unter Druck setzen, indem du zu hohe Ansprüche an dich selbst stellst. Das führt nur zu unangenehmen Gefühlen wie Versagensängsten und Ungewissheit. Erledigt ist besser als Perfekt und Fehler kannst du im Nachinein immer noch ausbessern.

Auslöser für Prokrastination ist unser Bedürfnis nach Lustgewinn, durch den wir dazu neigen, das zu tun, was sofort belohnend wirkt und das zu vermeiden, was unangenehme Gefühle wie Angst und Langweile hervorruft. Das Aufschieben von Aufgaben ist folglich eine Strategie, um mit unangenehmen Gefühlen umzugehen. Kurzfristig scheint das Aufschieben sogar wirklich ein guter Problemlöser zu sein. Anstatt dich der Aufgabe zu stellen und unangenehme Gefühle in Kauf zu nehmen, bevorzugst du es, dich angenehmeren Tätigkeiten zu widmen. Das ist menschlich, bringt dich auf Dauer aber nicht deinen Zielen näher.

Wenn du beispielsweise lieber deine Serie weiterschaust, anstatt für die Prüfungen zu lernen, vermeidest du im Moment Anstrengung und negative Gedanken über das Versagen bei der Prüfung. Der Stress und die Angst zu scheitern sind nicht gegenwärtig, sie werden sich erst viel später ergeben, weil sie noch in weiter Ferne sind, sodass sie für dich im Moment noch keine große Rolle spielen. Es entsteht also ein Denkfehler zwischen dem kurzfristigen und langfristigen Denken. Du weißt eigentlich ganz genau, dass du dir damit schadest. Doch du tust es trotzdem immer wieder, weil wir Menschen grundsätzlich immer danach streben, uns lieber den angenehmen Dingen zu widmen und unangenehmes zu vermeiden.

Weil Prokrastination eine sofortige Belohnung verspricht, indem es kurzfristig unangenehmen Aufgaben aus dem Weg geht, erlernt dein Gehirn dieses Verhalten und wiederholt es immer wieder, bis sich daraus eine schlechte Angewohnheit bildet. Dadurch verschlimmert sich deine Situation immer weiter, weil sich immer mehr Aufgaben anhäufen. Was wiederum die Aufgaben noch unangenehmer erscheinen lässt und diese schließlich noch öfters vermieden werden. Der Glaube daran, dass man morgen einfach mehr erledigen wird, weil man heute nichts geschafft hat, ist deswegen sehr unwahrscheinlich.

Wie jedes erlernte Verhalten kann man sich aber auch die Prokrastination wieder abgewöhnen. Um diesem Teufelskreis des Aufschiebens zu entkommen, solltest du deshalb erst einmal herausfinden, welche Gedanken und Handlungen dich daran hindern, mit den Aufgaben zu beginnen. Welche Rechtfertigungen benutzt du häufig, wenn du mal wieder etwas aufschiebst, und was tust du dann meistens statt der eigentlichen Aufgabe? Wenn du realisierst, dass Aufschieben die Aufgabe nicht löst, sondern nur verschlimmert, aber das unmittelbare Erledigen der Aufgabe dieses löst, kann dir das sofortige Erledigen der Aufgabe als belohnend vorkommen. Denn du eliminierst durch das Erledigen sofort unangenehme Gefühle wie Stress und ein schlechtes Gewissen. Wenn du dich aber hingegen für das Aufschieben entscheidest, wirst du immer wieder mit schlechten Gedanken zu plagen haben, nie so wirklich zur Ruhe kommen und deine Ziele nicht erreichen können. Werde dir erst einmal über die positiven und negativen Konsequenzen des Aufschiebens bewusst.

Es wird manche Tage geben, an denen du bereits am Prokrastinieren sein wirst. Das sind solche Tage, an denen du bereits am Morgen schon nicht so gut drauf bist, obwohl du eigentlich vieles vorhattest. Um also in den Gang zu kommen, schläfst du deshalb lieber noch eine Weile, bereitest dir dann ein leckeres Frühstück vor, checkst dann deine Nachrichten durch und gönnst dir danach noch ein erfrischendes Bad. Doch ehe du dich versiehst, sind schon mehrere Stunden vergangen. Weil der Tag sowieso schon bald vorbei ist und außerdem so schlecht verlief, denkst du dir, dass es sich nicht mehr lohnt, mit deinen Aufgaben anzufangen und du verschiebst diese auf den nächsten Tag, um auch den restlichen Tag zu entspannen. Solche Tage durchlebt jeder Mensch einmal und das ist auch gut so, denn nicht jeder Tag braucht ein produktiver Tag zu sein. Doch wenn solche entspannteren Tage zur Regelmäßigkeit werden, werden sie zu einem Problem. Kein Mensch ist perfekt, wenn du mal morgens schlecht in den Tag startest, ist das noch lange kein Grund, gleich den ganzen Tag zu prokrastinieren. Nimm Abstand von dieser Alles-oder-Nichts-

Denkweise. Raff dich stattdessen wieder auf, um wenigstens den restlichen Tag an deinen Zielen zu arbeiten.

Damit es aber erst gar nicht zur Prokrastination kommt, hilft es schon im Vorhinein der Aufgabe das Unangenehme vorwegzunehmen. Wenn du also einen optimalen Plan erstellt hast, solltest du eigentlich bestens gegen Prokrastination gewappnet sein. Denn indem du deine Aufgaben in kleine realisierbare Schritte unterteilst, werden sie viel leichter umzusetzen sein. Wenn du die Aufgabe dazu dann noch angenehm gestaltest, wird das Vermeiden und Aufschieben sehr unwahrscheinlich. Zudem helfen dir genaue Angaben darüber, wie und durch welche Handlungen du deine Ziele erreichen willst, schneller in die Umsetzung zu kommen.

Viele Menschen prokrastinieren außerdem, weil sie sich überfordert fühlen und nicht wissen, wie genau sie eine Aufgabe angehen sollen. Außerdem ist es hilfreich, die Aufgabe nur auf einen bestimmten Zeitabschnitt am Tag zu begrenzen und diesen nicht zu überschreiten. Dadurch wird das Gleichgewicht von Arbeit und Freizeit hergestellt. Wenn dir klar ist, dass du für deine Aufgabe heute nur eine Stunde aufwenden musst, wird sie dir viel machbarer vorkommen. Das Festlegen eines Zeitpunkts ermöglicht es dir außerdem pünktlicher mit der Aufgabe zu beginnen. Denn wenn kein genauer Zeitpunkt definiert wurde, schiebt man die Aufgabe weiter vor sich hin, weil ja noch genug Zeit vorhanden ist. Bis man merkt, dass die restliche Zeit für die Aufgabe nicht ausreicht und man in Stress gerät. Deshalb solltest du unbedingt schon früher mit der Aufgabe beginnen, indem du diese in regelmäßige kleine Teilaufgaben aufteilst.

Das Aufschieben kann aber hin und wieder mal nützlich sein. Denn wenn nur noch wenig Zeit für die Aufgabe übrig ist, geraten wir mehr unter Druck und erledigen die Aufgabe in kurzer Zeit. Wenn du also merkst, dass die Vorteile des Aufschiebens überwiegen und du bisher immer wieder damit durchgekommen bist, dann solltest du dich auch ehrlich dafür entscheiden. Denn es bringt nichts, sich dann trotzdem ständig ein schlechtes Gewissen zu machen. Langfristig solltest du aber die Motivation hinter deinen Aufgaben hinterfragen, weil du sie nur dann erledigst, wenn genug Druck von außen besteht.

Handlungskontrollstrategien

Im Alltag läuft es nicht immer nach Plan und es kommen gelegentlich anspruchsvolle Momente auf dich zu. Deshalb passiert es oft, dass du trotz einer bestehenden Absicht gegen deine eigenen Interessen handelst. Um die eigene Absicht trotzdem vor alltäglichen Schwankungen zu bewahren, benötigst du deshalb kurzfristige Handlungskontrollstrategien. Diese Strategien sind bewusste Prozesse, welche die Aufrechterhaltung der eigenen Absicht bei der Umsetzung unterstützen können. Dabei werden die Aufmerksamkeit, Motivation, Emotionen und Impulse bewusst kontrolliert, was sehr anstrengend sein kann und deshalb nur kurzfristig möglich ist. Diese Fähigkeiten unterstützen deine Selbstkontrolle.

- Aufmerksamkeitskontrolle: Die Steuerung der Aufmerksamkeit ist die Fähigkeit, sich gezielt und bewusst nur auf eine Sache zu konzentrieren und absichtsgefährdende Informationen auszublenden. Also darüber zu entscheiden, wem oder was man Aufmerksamkeit schenken will und was man lieber ignoriert. Denn was viele Menschen am Vorankommen hindert, sind die ganzen Ablenkungen im

Alltag. Wer sich schlecht konzentrieren kann, wird Aufgaben nur mit Mühe erledigen können. Wenn deine Aufmerksamkeit zum Beispiel durch permanentes Scrollen auf Social Media gestört ist, wird es dir wesentlich schwerer fallen, dich für eine längere Zeit auf dein Ziel zu fokussieren. Blende deswegen störende Anreize in der Umgebung während der Arbeit so gut es geht aus, indem du beispielsweise dein Handy ausschaltest. Versuche dabei erst recht nicht mehrere Aufgaben gleichzeitig abzuarbeiten, denn was wir Multitasking nennen, ist in Wahrheit nur eine Illusion. Wenn du also versuchst, mehrere Aufgaben auf einmal zu erledigen, wirst du nichts richtig erledigen können. Das liegt daran, weil unser Gehirn sich nur auf eine Sache konzentrieren kann.

- Motivationskontrolle: Die Steuerung der Motivation ist die Fähigkeit, die Attraktivität der angestrebten Absicht kurzfristig zu steigern. Dabei werden die mit dem Ziel verbundenen positiven Anreize besonders hervorgehoben und aufgewertet, während störende Anreize abgewertet werden, um das gewünschte Verhalten zu fördern. Es werden auch Momente der Antriebslosigkeit auf dich zukommen, in denen du deine Ziele hinterfragen wirst. Schreib dir deshalb die Gründe für deine Ziele auf. Stelle dir vor, wie dein Leben in Zukunft aussehen soll.

- Emotionskontrolle: Die Steuerung der Emotionen ist die Fähigkeit, eigene Gefühlszustände und deren Intensität in eine bestimmte Richtung zu lenken, damit daraus absichtsfördernde Emotionen entstehen. Es bedeutet jedoch nicht, dass die eigenen Gefühle unterdrückt werden sollen. Es ist viel mehr ein Prozess, bei dem negative Emotionen durch Steuerung in neutrale oder sogar positive Emotionen verbessert werden sollen. Wir Menschen werden beim Verhalten im Alltag stark von unseren Emotionen beeinflusst. Dabei kommt es während der Arbeit häufig zu unangenehmen Zuständen, welche die Zielerreichung erschweren können. Nur Menschen, denen es gelingt, unangenehme Gefühle auszuhalten, diese zu reduzieren oder umzuwandeln werden langfristig erfolgreich sein. Erkenne deshalb deine Gefühle, indem du dir im Alltag öfters über diese bewusst wirst, um dann diese durch optimistische Neubewertung und Entspannung verbesserst.

- Impulskontrolle: Die Steuerung der Impulse ist die Fähigkeit mit Rücksicht auf Konsequenzen, statt impulsiv zu handeln. Die Impulsivität ist dabei ein Verhalten, bei dem ohne jede Erwägung von Konsequenzen auf Anreize reagiert wird. Sie entsteht dadurch, dass Menschen unter Anspannung stehen und versuchen, diese mit impulsivem Verhalten aufzulösen. Dabei wird die Handlung oft wiederholt und ist schwer willentlich kontrollierbar. Meistens wird impulsives Verhalten zwanghaft und automatisch ausgeführt, wobei sich der Betroffene seines Verhaltens völlig bewusst ist. Es kann im Alltag vorkommen, dass du durch unangenehme Aufgaben plötzlich impulsiv gegen deine eigenen Ziele reagierst. Um deine eigenen Impulse trotzdem zu steuern, solltest du in Druck Situationen achtsam mit den ersten Impulsen umgehen. Wenn du also merkst, dass Impulse in dir hochkommen, dann kannst du gedanklich die folgenden vier Schritte durchlaufen: Innehalten, Reflektieren, Antizipieren und erst dann Wählen. Bevor du zum Handeln übergehst, frage dich wie du Handeln könntest. Reflektiere dann, welche kurzfristigen und langfristigen Folgen dein Handeln auslösen könnte, und entscheide dich erst dann bewusst dafür.

Durch Selbstreflexion ans Ziel

Nach der Umsetzung folgt das Prüfen der Fortschritte und Ergebnisse. Um ein Ziel in weiter Ferne zu erreichen, musst du hin und wieder mal das Steuer kontrollieren und gegebenenfalls anpassen, sodass es wieder in die richtige Richtung geht. In der Praxis wird es immer wieder unvorhersehbare Hindernisse und Fehler geben, die du beim Planen nicht berücksichtigen konntest. Erst nach der Umsetzung wirst du es besser wissen, denn hinterher ist man immer schlauer. Deshalb solltest du deinen Fortschritt in regelmäßigen Abständen überprüfen. Das kann beispielsweise immer der letzte Tag der Woche oder des Monats sein. Welche Fortschritte hast du bisher gemacht? Welche Probleme sind dabei aufgetaucht? Willst du das Ziel überhaupt noch erreichen? So kannst du sehen, was du bereits erreicht hast und an welchen Dingen du noch weiterarbeiten musst.

Dafür musst du dich zuerst selbst beobachten, um dein eigenes Erleben und Verhalten zu analysieren. Denn die Selbstbeobachtung ist eine der effektivsten Strategien zur Veränderung von Verhalten, weil man sich so über den momentanen Zielfortschritt bewusst wird und Abweichungen des Verhaltens vom angestrebten Ziel identifiziert. Außerdem hilft die Selbstbeobachtung dabei, langfristig den Fokus beizubehalten. Die Selbstbeobachtung ist also notwendig, weil man dadurch sein eigenes Verhalten anpassen und so die eigenen Ziele dennoch erreichen kann. Am genauesten schaffst du das, indem du deinen Fortschritt schriftlich misst. Dazu gibt es zwei Möglichkeiten, deinen Zielfortschritt zu messen.

Die eine Variante wäre, den Fortschritt in einem Tagebuch oder Kalender festzuhalten. Du trägst folglich jedes Mal, wenn die Aufgabe ansteht in deinen Kalender ein, ob die Aufgabe erledigt wurde oder nicht. Falls es nicht funktioniert hat, dann kannst du auch dazuschreiben, warum es nicht funktioniert hat und welche Probleme es dabei gab. Das hilft dir später dabei, diese Probleme zu erkennen und zu beseitigen.

Die andere Variante wäre das Benutzen einer Smartphone-App. Weil du dein Smartphone sowieso fast immer bei dir trägst, wäre diese Variante praktikabler. Zudem ermöglichen Apps es an von dir ausgewählten Zeitpunkten Erinnerungen zu erhalten, die dich auf dein Ziel aufmerksam machen. Es gibt viele verschiedene Apps, die vom detaillierten Eintragen bis hin zum einfach Abhaken des Fortschritts reichen. Beispiele, wie du deine Ziele messen kannst, sind zum einen Ergebnisziele wie das regelmäßige Wiegen des eigenen Gewichts oder Verhaltensziele wie das Zählenlassen der eigenen Schritte.

Nachdem du deinen Zielfortschritt gemessen hast, folgt die Selbstbewertung. Dabei prüfst du deine bisherigen Ergebnisse und schätzt deinen aktuellen Zustand ehrlich und sachlich ein, um die Diskrepanz zwischen deinem aktuellen und gewünschten Zustand zu reduzieren. Du vergleichst also die geplanten Ergebnisse mit den tatsächlich erreichten Ergebnissen. Wenn du deine Ziele größtenteils erreichen konntest, dann brauchst du nichts weiter zu tun, als dieselben Aufgaben nächste Woche erneut zu wiederholen. Denn das System läuft jetzt ohne Probleme. Wenn du deine Ziele jedoch mühelos erreichen konntest und dabei völlig unterfordert warst, dann solltest du die Anforderungen leicht erhöhen, sodass du wieder gefordert bist.

Wenn die Realität aber nichts mit dem gewünschten Zustand gemeinsam hat, dann musst du dich hinsetzen und deinen Plan überarbeiten. Welche Probleme gab es während der Umsetzung? Wie können diese Probleme gelöst werden? Welche Herausforderungen können daraus noch in Zukunft entstehen? Vor allem zu Beginn werden viele Fehler gemacht, weil man noch wenig Erfahrungen gesammelt hat. Mache dir deswegen keine Vorwürfe, denn Rückschläge wird es fast immer geben. Lass dich von ihnen nicht demotivieren, sondern lerne daraus. Denn du kannst aus deinen Rückschlägen vieles lernen, weil sie dir immer aufzeigen, wo es noch Probleme gibt, die es zu lösen gilt, um schlussendlich doch ans Ziel zu gelangen. Wenn du beispielsweise vorhattest, jeden Tag ein paar Seiten Buch zu lesen, es aber meistens nicht hinbekommen hast, trotz großer Anstrengung, dann passt du die Anforderungen so weit an, bis sie für dich realistisch und machbar werden. Anstatt also hoffnungslos zu versuchen, jeden Tag zu lesen, senkst du die Aufgabe auf nur noch ein paar Mal in der Woche. Wenn es außerdem bestimmte Situationen gab, an denen du häufig gescheitert bist, dann solltest du von nun an diese Situationen vermeiden. Bis du das gesetzte Ziel so erledigt bekommst, wie du es dir vorgenommen hast.

Denn häufig überschätzen wir uns selbst, weil wir gerne mehr erreichen wollen würden. Dann versagen wir und verlieren die Hoffnung auf Veränderung. Wenn wir stattdessen aber das, was wir uns vorgenommen haben auch tatsächlich bewältigen können, ohne uns zu überlasten, dann steigt unsere Selbstwirksamkeit. Auch prokrastinieren wir weniger, weil die Aufgabe nicht mehr so überwältigend wirkt, sondern völlig machbar ist. Das erhöht dann auch die Chance, dass wir die Aufgabe regelmäßiger tun, weil sie uns angenehmer vorkommt. Du passt die Aufgabe immer deiner Willenskraft an, damit du die Aufgabe tatsächlich und regelmäßig erledigen kannst.

Du kannst andersherum aber auch dein Verhalten anpassen, ohne den Plan zu verändern. Wenn die Aufgabe beispielsweise recht machbar war, aber du sie trotzdem nicht erledigt hast, dann zeigt das dir, dass du dich mehr zusammenreißen musst. Du kannst dir dafür beispielsweise selbst die Regel aufstellen, dass wenn du mal eine Aufgabe ausfallen lassen hast, du sie niemals zweimal hintereinander ausfallen lässt.

Diesen Prozess kannst du so lange durchlaufen, bis dein wirkliches Verhalten deinem gewünschten Verhalten entspricht. Ab da an werden die Anforderungen immer leichter zu bewältigen sein. Dann kannst du immer wieder nachbessern, indem du die Anforderungen leicht erhöhst, sodass du ständig gefordert bleibst. Jedoch niemals überfordert oder unterfordert bist.

Dieser Prozess der Selbstreflexion sollte dich allerdings niemals zusätzlich belasten, wenn es beispielsweise zu aufwendig wird. Es ist zwar gerade am Anfang wichtig, sich daran zu halten, um erst einmal eine Routine zu etablieren, doch mit der Zeit brauchst du deinen Fortschritt nicht immer so detailliert und genau zu notieren. Ein Einfaches abhaken würde bereits ausreichen, bis die Aufgabe erreicht ist oder sich als Gewohnheit etabliert hat. Denn die Selbstreflexion dient bloß dem Nachbessern deines Plans und der Umsetzung, bis alles genau an deine Willenskraft angepasst ist. Wenn du also nach einer gewissen Weile nichts mehr verbessern musst, dann brauchst du auch nicht mehr regelmäßig zu reflektieren. Außer du merkst die Anforderungen sind zu niedrig, dann kannst du natürlich nachbessern, indem du die Anforderungen leicht erhöhst.

Wie du Gewohnheiten änderst

Du hast bestimmt mal die Erfahrung gemacht, dass du dir neue Vorsätze vorgenommen hattest, wie zum Beispiel mehr Sport zu treiben, eine neue Sprache zu lernen oder dich einfach gesünder zu ernähren. Die ersten Wochen läuft alles nach Plan und du schaffst es, deine Vorsätze einzuhalten. Aber dann lässt du dich ein paar Mal gehen und ehe du dich versiehst, ist schon nach einigen Wochen oder Monaten alles wieder beim alten Zustand. Eigentlich hattest du es dir diesmal sogar wirklich vorgenommen und dein bestes gegeben, aber bist trotzdem wieder in die alten Muster verfallen. Das Problem lag hierbei nicht unbedingt bei dir, sondern daran das es einfach sehr schwierig ist die eigenen Gewohnheiten zu verändern. Denn Gewohnheiten sind völlig oder teilweise unbewusst ausgeführte Verhaltensweisen.

Dein alltägliches Verhalten wird von deinem Unterbewusstsein gelenkt, was deinem Gehirn letzten Endes viel Arbeit erspart. Indem dein Gehirn sich alltäglich wiederholende Tätigkeiten unterbewusst als Gewohnheiten ausführt, erspart es dir jede Menge Willenskraft. Dich jedoch bewusst für etwas Neues zu entscheiden ist anstrengend und verbraucht jede Menge Willenskraft, weil du bewusst denken und handeln musst. Dein Gehirn mag jedoch keine unnötige Anstrengung. Wenn ein neues Verhalten einmal in der Vergangenheit zu einer Belohnung geführt hat, dann merkt sich das dein Gehirn, indem es eine Spur in deinem Gehirn hinterlässt. Je öfter du dieses neue Verhalten ausführst, umso ausgetretener wird diese Spur, bis sich daraus ein einfach begehbarer Trampelpfad entwickelt. Das Verhalten auszuführen ist für dein Gehirn jetzt noch einfacher, weshalb es diesen Weg noch öfters nimmt, wodurch dieser Trampelpfad irgendwann zu einer richtigen Straße wird. Je öfters dein Gehirn nun diese Straße benutzt, desto geräumiger wird sie, bis sie sich zu einer richtigen Autobahn entwickelt. Das Verhalten hat sich jetzt also zu einer richtigen Gewohnheit entwickelt. Die Autobahn zu nehmen ist für dein Gehirn angenehm und bequem. Je ausgeprägter diese Autobahnen in deinem Gehirn sind, umso mehr gewöhnst du dich an diese Bequemlichkeiten. Deshalb benutzt sie dein Gehirn unterbewusst viel regelmäßiger, was anders gesagt bedeutet, dass es meistens nur das tut, was es schon kann. Hinzu kommt das diese Autobahn Verknüpfungen im Gehirn sogar dann bestehen bleiben, wenn die Handlung mehrerer Jahre nicht mehr ausgeführt wurde. Es ist wie beim Radfahren oder Schwimmen, einmal gelernt behält man diese Fähigkeiten ein Leben lang. Etablierte Gewohnheiten sind schwer wieder abzulegen, denn es kann sehr schnell zu Rückfälligkeiten kommen. Aus diesen Gründen ist es so anstrengend, sich langfristig zu verändern.

Gewohnheiten spielen eine wichtige Rolle in unserem Leben. Denn vieles was wir im Alltag tun beruht auf Gewohnheiten. Das Verändern deiner Gewohnheiten kann somit deine gesamte Lebensqualität verbessern. Wenn du also bestimmte Aufgaben regelmäßig wiederholen willst, dann erzwinge sie nicht durch reine Willenskraft, sonder etabliere Gewohnheiten. Dafür musst du erst verstehen, wie Gewohnheiten funktionieren. Im Allgemeinen entsteht jede Gewohnheit in regelmäßiger Wiederholung der folgenden fünf Schritte.

1. Trigger: Als Allererstes werden deine Gewohnheiten immer von sogenannten Triggern ausgelöst. Diese Trigger sind Anreize aus einer Situation. Du hast bereits gelernt, dass Situationen sowohl Menschen, Informationen, Objekte als auch Räume sein können. Daraus ergeben sich dann Trigger wie zum Beispiel Orte, Gefühle, Gerüche, Geräusche, Uhrzeiten aber auch wiederkehrende Handlungen. Dein Gehirn wird durch diese Anreize veranlasst, nach einer dafür passenden Gewohnheit zu suchen. In deinem Alltag gibt es bereits viele solcher Trigger, wie zum Beispiel, das du direkt ins Badezimmer läufst, wenn dich dein Wecker aufweckt.

2. Bedürfnis: Deine Gewohnheiten werden von deinen impulsiven Bedürfnissen gesteuert. Denn deine Bedürfnisse sind der Grund für dein unmittelbares Verlangen.

Wobei auch Anreize einen großen Einfluss haben, denn sie können der Auslöser für das Verlangen sein. Dabei beachten deine Bedürfnisse nur die momentane Befriedigung und vernachlässigen deine langfristigen Ziele. Wenn dein Gehirn einen Trigger wahrnimmt, wählt es unterbewusst die sofortige Belohnung, außer du stoppst diesen Impuls bewusst durch Willenskraft. Genau aus diesem Grund entstehen die meisten schlechten Gewohnheiten. Denn dein Gehirn möchte immer wieder die sofortige Belohnung erleben, weswegen es immer wieder dieselbe Handlung ausführt. Beim Beispiel willst du deshalb ins Badezimmer, weil du das Bedürfnis hast, dich zu erfrischen und zu pflegen, indem du deine Zähne putzt.

3. Handlung: Wenn in dir nun ein Verlangen ausgelöst wurde, dann folgt die Handlung. Du reagierst also mit einer für den Trigger typischen unterbewussten Handlung, um daraus ein bestimmtes Ergebnis zu erzielen. Beim Beispiel läufst du quasi auf Autopilot ins Badezimmer und putzt dir deine Zähne.

4. Belohnung: Der Grund für die vorherigen Schritte und somit das eigentliche Ziel deines Gehirns ist die Belohnung. Denn Gewohnheiten sind so beständig, weil sie uns befriedigen. Deshalb steht bei jeder Gewohnheit am Ende eine Belohnung. Dabei merkt dein Gehirn die erfolgreiche Ausführung der Tätigkeit und die Verbindung zwischen Trigger und Handlung wird verstärkt. Wenn eine Handlung jedoch unangenehm war, dann wirst du beim nächsten Mal weniger Lust darauf haben, diese auszuführen. Beim Beispiel wäre die Belohnung also das angenehme Gefühl eines sauberen und frischen Mundes.

5. Investition: Je mehr Zeit und Energie durch eine Gewohnheit investiert werden, desto wertvoller und wichtiger wird diese Gewohnheit. Die Investition ist deshalb kein aktiver Teil der Gewohnheitsschleife, sondern ein Ergebnis, welches durch jede Wiederholung verstärkt wird. Beim Beispiel gehst du jeden Morgen deine Zähne putzen, wodurch du gepflegte Weiße Zähne besitzt. Du hast dir bisher so viel Mühe gegeben, weswegen

es schade wäre, jetzt mit dem Zähne putzen aufzuhören, weil du dann dein schönes Lächeln verlieren würdest.

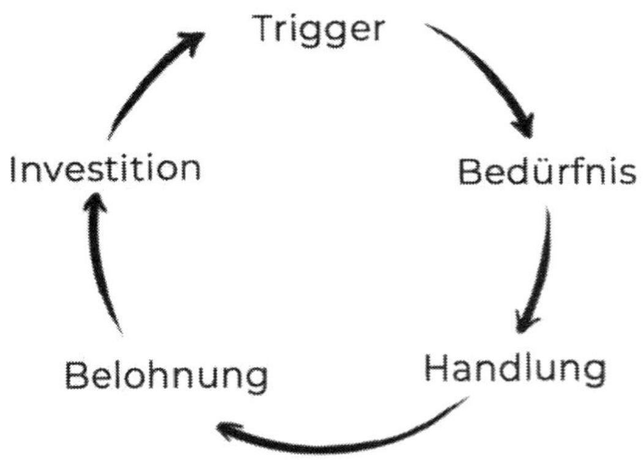

Schlechte Gewohnheiten ablegen

Es gibt zwei Möglichkeiten, alte Gewohnheiten zu verändern. Entweder du unterdrückst das aufkommende Verlangen in dir, bis du dir das Verhalten abgewöhnt hast, oder du ersetzt das Verhalten durch eine bessere Alternativhandlung, wobei das Bedürfnis immer noch befriedigt wird. Letzteres ist für die meisten Menschen jedoch um ein Vielfaches einfacher umzusetzen, denn dabei muss das Verlangen nicht ständig durch Willenskraft unterdrückt werden.

Es gibt aber auch schlechte Angewohnheiten, die kann man nicht ersetzen, weswegen sie völlig abgewöhnt werden müssen. Die Voraussetzung für das Abgewöhnen von schlechten Gewohnheiten ist natürlich, dass du wirklich keine Lust mehr hast, ihnen nachzugehen und dich verändern willst. Denn häufig wissen wir das eine schlechte Gewohnheit uns schadet, wir tun es aber trotzdem immer wieder, weil wir nicht auf die Belohnung verzichten wollen.

Wenn du eine schlechte Gewohnheit ablegen willst, dann solltest du es schon im Vorhinein vermeiden, dass in dir ein Verlangen danach aufkommt. Dafür solltest du den Auslöser für dieses Verhalten ausfindig machen und beseitigen. Wenn du dich also wieder dabei ertappst, wie du einer schlechten Gewohnheit nachgehst, dann reflektiere kurz, was du davor beispielsweise gesehen, gefühlt oder wo du dich aufgehalten hast. Nach einer Weile wirst du Muster erkennen, die sich wiederholen. Diese Muster sind deine Trigger, welche du von nun an vermeiden solltest.

Hierzu veränderst du deine alltäglichen Situationen, denn darin liegen die Anreize, die zu der schlechten Gewohnheit führen. Wenn du zum Beispiel die schlechte Angewohnheit hast, dich ungesund zu ernähren, dann entferne alle Situationen, in denen du dich nach Süßigkeiten und Fastfood sehnst. Das heißt, du kaufst erst gar keine ungesunden Lebensmittel, du vermeidest Fastfood-Ketten und du löscht die Lieferservice-App von deinem Smartphone. Indem du darauf achtest, was du in dein Umfeld lässt, kannst du viele Anreize im Alltag vermeiden, die dazu führen könnten, dass du dich mal wieder in der schlechten Gewohnheit verlierst. Wenn du in den Urlaub fährst oder einige Wochen etwas anderes tust, dann wäre das auch ein guter Zeitpunkt, um die schlechte Gewohnheit abzulegen. Dadurch verschwinden alle Situationen, die einen negativen Anreiz auslösen würden. Wenn du dann wieder in dein gewohntes Umfeld zurückkehrst, wird es dir leichter fallen, standhaft zu bleiben und deinen neuen Vorsätzen zu folgen.

Anfangs wird das Verlangen häufiger auftauchen, doch mit jedem Tag der Enthaltung wird sich dieses Verlangen langsam, aber sicher legen. Zudem kann das künstliche Erhöhen des Aufwandes helfen, dass du die Lust an der schlechten Gewohnheit verlierst.

Wenn das alles aber nichts bringt, dann ist dein Leidensdruck einfach nicht stark genug. Das unangenehme Gefühl des Verzichts überwiegt dein Leid, welches durch die schlechte Gewohnheit entsteht. Bestimmte Ereignisse im Leben können jedoch dazu führen, dass du lieber das unangenehme Gefühl des Verzichts vorziehst, um nicht mehr länger dem Leid der schlechten Gewohnheit ausgesetzt zu sein. Dann wirst du es endlich schaffen, die schlechte Gewohnheit aufzugeben.

Eine Gewohnheit völlig abzulegen ist aber sehr anstrengend. Denn wenn mal ein Verlangen in dir aufkommt, ist es ziemlich schwer, dieser standzuhalten. Ein leichterer Weg wäre es deshalb nicht die eigenen Bedürfnisse zu unterdrücken, sondern sie auf eine bessere Art und Weise zu befriedigen. Dafür musst du herausfinden, was die tatsächlichen Bedürfnisse und Überzeugungen hinter deinem Verhalten sind. Damit diese Bedürfnisse durch andere bessere Alternativhandlungen befriedigt werden können. Wenn dir dann klar ist, was du wirklich willst, dann kannst du dieses Bedürfnis durch eine bessere Gewohnheit befriedigen. Dabei behältst du den Auslöser und die Belohnung bei, änderst aber die Handlung dazwischen. Wenn du beispielsweise nach einem stressigen Arbeitstag immer zu den Süßigkeiten greifst und dich vor den Fernseher hockst, um dich zu entspannen, dann kannst du die Süßigkeiten durch einen gesünderen Snack und das Fernsehen durch ein Gespräch mit deinen Liebsten ersetzen. Dein Bedürfnis wäre hierbei das Entspannen und zur Ruhe kommen, welches immer noch befriedigt wird. Wichtig ist jedoch, dass die Alternativhandlung unbedingt belohnend sein muss, damit du sie auch regelmäßig machst. Wenn dir die gesunden Snacks nicht schmecken und ein Gespräch mit deinen Liebsten dich nur noch mehr stresst, dann wirst du schnell wieder in den alten Verhaltensmustern landen. Du solltest die schlechte Gewohnheit deshalb überflüssig machen, indem du einen besseren Weg der Befriedigung findest.

Gute Gewohnheiten etablieren

Gewohnheiten müssen aber nicht immer nur etwas Negatives sein, denn wir können auch nützliche Gewohnheiten entwickeln, die uns viel arbeit abnehmen. Denn das Gehirn bewertet nicht die Handlungen mit gut oder schlecht, sondern es wiederholt einfach nur stumpf immer wieder eine Handlung, wenn diese praktisch ist. Der Vorteil einer guten Gewohnheit ist, dass auch sie nach einer langen Pause erneut einfacher und schneller wiederaufgenommen werden kann. Doch die meisten Menschen haben wenig bis keine guten Gewohnheiten, denn nicht nur das Beenden von alten Gewohnheiten ist schwierig, sonder auch das Aneignen neuer guter Gewohnheiten erweist sich als besonders schwer. Die meisten Menschen haben sich in ihrem Alltag fast nur schlechte Gewohnheiten antrainiert, weil diese schon von Anfang an bequem sind. Bei guten Gewohnheiten ist es aber zu Beginn oft anstrengend, weswegen viele Menschen schon nach kurzer Zeit aufgeben. Es ist aber durchaus möglich, eine gute Gewohnheit zu entwickeln. Du solltest dir aber immer nur eine Gewohnheit nach der anderen zum Ziel nehmen. Denn dann wird es mit Sicherheit realistischer umzusetzen sein.

Um eine Gewohnheit zu bilden, musst du zuerst eine Routine kreieren. Dafür legst du für dein Ziel klare Handlungsabläufe fest. Eine Routine ist also eine planmäßige Abfolge von Handlungen, die bewusst immer wieder gleich ausgeführt werden. Sie erspart deinem Gehirn deshalb jede Menge Energie und ist effizient.

Du hast die Handlungsabläufe mit der Zeit nahezu perfektioniert und weißt direkt, was zutun ist. Um deine Ziele einfacher zu erreichen, solltest du dir deshalb die effektivsten Handlungen aussuchen und diese nun immer in derselben Abfolge als Routine ausführen.

Dann brauchst du einen offensichtlichen Trigger, um die Routine irgendwann mühelos anzustoßen. Das können Hinweise wie eine bestimmte Uhrzeit, ein Geräusch oder ein Ort sein. Wichtig ist hierbei, dass dieser Trigger unübersehbar sein sollte. Denn je offensichtlicher der Trigger ist, desto wahrscheinlicher wirst du ihn wahrnehmen und darauf reagieren können. Achte darauf, dass die neue Routine deine Bedürfnisse anspricht. Denn nur wenn die Routine dich befriedigt, wirst du nach ihr ein belohnendes Gefühl erleben. Wenn du aber gegen deine Bedürfnisse handelst, wird sich die Routine unangenehm anfühlen und du wirst dich beim nächsten Mal zwingen müssen. So kann aber nie eine unterbewusste Gewohnheit entstehen. Lasse deine Bedürfnisse also für deine eigenen Interessen arbeiten, indem du davor klar benennst, welches Bedürfnis du durch deine neue Gewohnheit befriedigen möchtest.

Dann folgen die Handlungsabläufe in Form einer Routine, welche so einfach und klar wie nur möglich sein sollten, damit sie auch wirklich, ohne groß darüber nachzudenken umgesetzt werden können. Als Ergebnis solltest du dich belohnt fühlen, damit dein Gehirn dieses Verhalten erneut wiederholen möchte und dadurch irgendwann eine Gewohnheit entstehen kann. Aber eine gute Gewohnheit zu etablieren ist meistens einfacher gesagt als getan. Denn vieles was du gerne zu einer guten Gewohnheit machen möchtest, verspricht keine sofortige Belohnung. Deshalb solltest du die Handlungen so angenehm wie nur möglich gestalten. Aber nicht, indem du dich direkt nach der Handlung selbst belohnst, weil du so eine extrinsische Motivation aufbauen würdest. Sondern indem du die Handlung selbst als angenehm gestaltest, damit dadurch deine intrinsische Motivation steigt. Außerdem können Erfolgserlebnisse nach einer anstrengenden Aufgabe dazu führen, dass du dich gut fühlst. Was in deinem Gehirn das Verlangen nach diesem guten Gefühl entwickeln kann.

Die Routine wird sich trotzdem manchmal immer noch unangenehm anfühlen. Das spielt aber keine Rolle, denn mit der Zeit wird aus der

Routine eine Gewohnheit, die dir sehr viel leichter und somit auch bequemer fallen wird. Denn die Handlungen sind dann eine Abfolge von Aktionen, über die du gar nicht mehr bewusst nachdenkst. Du hast sie schon so oft wiederholt, dass dein Gehirn sie als belohnend empfindet und als gute Reaktion auf bestimmte Situationen ansieht. Du musst dich deshalb nicht mehr zu Gewohnheiten überreden, sondern tust sie einfach wie auf Autopilot.

Wenn du nun eine Routine, einen Trigger, der deine Bedürfnisse anspricht und eine Handlung, dessen Ergebnis eine Belohnung hervorruft entwickelt hast, dann brauchst du die Routine nur noch regelmäßig zu wiederholen bis daraus eine Gewohnheit wird. Nicht falsch verstehen, die gute Gewohnheit wird dich trotzdem etwas Anstrengung kosten, aber die Entscheidung mit dieser guten Gewohnheit überhaupt loszulegen, wird dich keine Willenskraft und Überwindung mehr kosten, sondern sich wie ein ganz normaler Teil deines Alltags anfühlen. Wie lange es dauert, bis sich eine Gewohnheit etabliert hat, ist sehr unterschiedlich. Oft hört man, es seien ein bis drei Monate. Dabei kommt es aber auf viele unterschiedliche Faktoren an, wie die Handlung an sich, deine momentane Motivation, dein Leidensdruck und deine Willenskraft.

Wie lange es wirklich dauern wird, kannst du vorher also nicht wirklich wissen. Es bringt dir demnach wenig, einen genauen Tag zu definieren, an dem die Routine anscheinend zur Gewohnheit wird. Achte lieber darauf, ob du dir nach einer Weile noch Mühe geben musst, um mit der Handlung zu starten, oder ob du mit der Handlung sozusagen unterbewusst beginnst.

Was du aber vorhersehen kannst, ist, wie sich die Routine im Verlauf entwickeln wird. Häufig ist es so, dass die Routine einem in den ersten Tagen noch leichtfällt, da die Motivation anfangs am höchsten ist. Dabei kann es passieren, dass man sich schnell überschätzt und das Durchhaltevermögen für die nächsten Tage verliert. Viel besser wäre es, die Aufgabe von Anfang an langsam anzugehen, denn der Weg zum Ziel ist ein langer. Mit der Zeit wird sich die Motivation wieder in seinen normalen Zustand einpegeln und es wird Willenskraft gefragt sein. Der Aufwand der Routine steigt nun an und man verliert die Lust. Genau an diesem Punkt scheitern viele Menschen, denn es ist äußerst anstrengend, die Routine regelmäßig zu wiederholen. Nur wer dann dranbleibt, wird die Routine am Ende auch zu einer Gewohnheit entwickeln können. Denn schon nach einer gewissen Zeit wird sich der Aufwand an Willenskraft langsam, aber sicher legen. Dann hat sich die Routine mittlerweile gut in den Alltag integriert und das Schlimmste ist überstanden. Ab diesem Moment wird es mit jedem Tag immer einfacher werden, sich an die neue Routine zu halten, bis die Gewohnheit endgültig etabliert ist. Dann hast du ein Momentum aufgebaut. Stell dir das wie Fahrrad fahren vor. Wenn du losfahren willst, musst du erst einmal kräftig in die Pedale treten, um Schwung zu gewinnen, danach wird das Fahrrad mehr oder weniger von selbst Rollen und du brauchst nur noch leicht in die Pedale zu treten. Genauso ist es auch bei einer Gewohnheit. Sie läuft zwar unterbewusst ab, etwas Willenskraft wird sie dich trotzdem kosten.

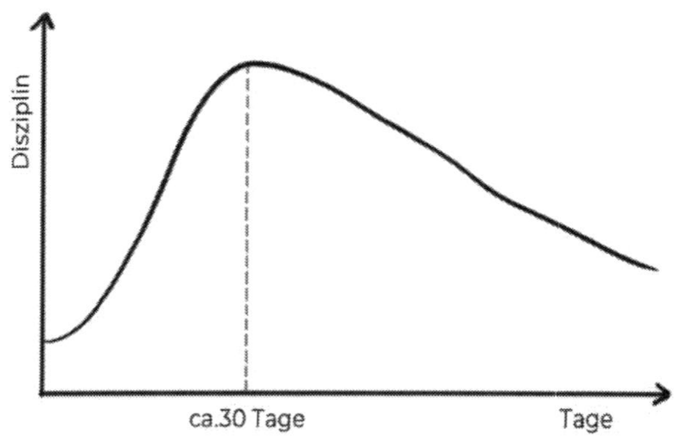

Aller Anfang ist schwer und Schönheit braucht Zeit. Es wird eine Weile dauern, bis das System sitzt. Vor allem zu Beginn gibt es viele Hürden, die zu überwinden sind, wie zum Beispiel sich im Fitnessstudio anzumelden, im Studium Freunde zu finden oder neue gesunde Rezepte zu entdecken die einem auch schmecken. Gib deshalb nicht auf, wenn es hart wird, denn wenn diese Hürden überwunden sind, wird sich dein eigenes Leben deutlich verbessern. Denn gute Gewohnheiten sind zwar schwer zu etablieren, aber es ist einfach nach ihnen zu leben. Schlechte Gewohnheiten sind hingegen bequem und dementsprechend leicht zu etablieren, aber es ist beschwerlich nach ihnen zu leben.

Finde die Balance

Du hast nun gelernt, wie du eine dauerhafte Motivation aufbaust, mehr Disziplin erlangst und dadurch langfristig deine Gewohnheiten veränderst. Dadurch wird es dir einfacher fallen, dich auch öfter mal gegen dein kurzfristiges Verlangen zu entscheiden, um deine langfristigen Ziele und Träume zu verwirklichen. Denn das größte Hindernis auf dem Weg der Umsetzung ist die Bequemlichkeit.

Es kann anstrengend erscheinen, sich zu verändern. Wir Menschen streben die Freude an und wollen das Leid vermeiden. Doch die meisten kurzfristigen Belohnungen können uns langfristig nicht befriedigen, sie schaden uns sogar.

Deshalb müssen sofortige Belohnungen hin und wieder mal zu Gunsten von langfristigen Zielen durch Disziplin aufgeschoben werden. Sei dabei aber nicht zu streng mit dir, denn Disziplin bedeutet nicht nur noch für den zukünftigen Erfolg zu leben und ab sofort ständig auf den sofortigen Genuss zu verzichten.

Wenn du dazu tendierst deinen Selbstwert bloß von Leistungen abhängig zu machen, dann ist dein Erfolg der einzige Faktor, der deinen Selbstwert bestimmt. Die Ursache dafür, dass wir unseren eigenen Wert durch Leistung identifizieren, liegt meistens in unserer Kindheit. Denn damals haben wir Anerkennung und Lob bekommen, wenn wir durch Anstrengung besonders gute Ergebnisse geliefert hatten. Also haben wir gelernt, dass wir nur durch gute Leistungen etwas Wert sind, weil wir immer dann Liebe bekommen haben. Doch jedes Leben ist bereits wertvoll, unabhängig von Leistungen und Taten. Du brauchst folglich nicht erst dir und anderen etwas durch Leistungen zu beweisen. Es stimmt zwar, dass wenn du etwas erreichst, deine Selbstwirksamkeit steigt und deine Selbstzweifel sinken. Jedoch musst du nicht erst etwas leisten, um dich wertvoll zu fühlen. Wenn du deinen Selbstwert von Leistungen abhängig machst, führt das dazu, das du viel zu hohe Anforderungen an dich selbst haben wirst, die du trotz jeder Menge Anstrengung nicht bewältigt bekommen wirst. Deshalb wirst du die unerledigten Aufgaben ständig vor dich hinschieben müssen, was dir von Tag zu Tag immer mehr Druck bereiten wird. Um das Ziel dennoch zu erreichen, musst du dann auch in der Freizeit und in den Pausen arbeiten. So bleibt keine Zeit mehr für Ruhe und Entspannung, dein privates Leben wird völlig vernachlässigt werden und deine Gesundheit und deine Beziehungen werden darunter leiden. Bis du irgendwann so erschöpft bist, dass du schließlich doch eine Pause nehmen musst. Wobei du jedoch dich selbst dafür ständig verurteilst, weil du eigentlich keine Pausen verdient hast. Im schlimmsten Fall können diese Einschränkungen und Belastungen sogar zu einem Burnout führen.

Für Produktivität ist Erholung essenziell, um den eigenen Akku wieder aufzuladen. Du solltest also immer wieder darauf achten, dass eine Balance zwischen Anspannung und Entspannung herrscht. Beide Fähigkeiten werden gebraucht, um ans Ziel zu gelangen. Wenn du neben der Arbeit auch hin und wieder mal entspannst, dann brauchst du dich dafür nicht selbst zu verurteilen, denn Pausen gehört einfach dazu. Dabei solltest du natürlich nicht vor lauter Entspannung die anstehenden Aufgaben aus dem Auge verlieren. Sonst bekommst du schnell das Gefühl, viel am Tag getan zu haben, aber nichts geschafft zu haben. Andersherum brauchst du nicht erst ständig hart zu arbeiten, um deinen Selbstwert zu erhöhen. Liebe dich stattdessen selbst, indem du regelmäßig an dir arbeitest und dir zwischendurch immer wieder Pausen gönnst.

Durch Disziplin kannst du deine eigenen Schattenseiten besiegen, um dich selbst zu verwirklichen. Dabei solltest du jedoch auf dich acht geben und liebevoll mit dir umgehen, statt überkritisch mit dir zu sein und dich für deine Rückschläge fertigzumachen. Durch mehr Verständnis für dich selbst werden mit der Zeit dein Selbstvertrauen und deine Selbstliebe gestärkt. Wenn du dich liebst, schätzt du dich selbst viel mehr wert und nimmst mehr Rücksicht auf dich. Deswegen bist du dir selbst zuliebe auch eher dazu bereit, auf schlechte Handlungen zu verzichten. Wenn du es schaffst, dich selbst zu lieben und dein eigener bester Freund zu werden, wirst du trotz aller möglichen Probleme deutlich gelassener durch das Leben gehen.

Genieße den Weg, statt verbissen das Ziel zu verfolgen. Denn oft wollen wir uns zwar in ganz kurzer Zeit komplett verändern, doch meistens ist diese schnelle Veränderung viel zu unrealistisch. Veränderung ist ein langwieriger und stetiger Prozess, der Geduld abverlangt. Manchmal ist Veränderung sogar so langsam, dass wir ihn gar nicht bemerken. Das kann dann dazu führen, dass wir die Motivation verlieren, weil wir keine Fortschritte sehen und alles sinnlos vorkommt. Wenn du aber auf die letzten Jahre zurückblickst, dann wirst du merken, dass du dich tatsächlich deutlich verändert hast, bloß sehr langsam. Immer wieder stolz zurückzublicken und das Erreichte wertzuschätzen, wird dich wieder motivieren und dein Selbstbewusstsein stärken.

Oft dauert Veränderung länger, als uns lieb ist. Doch jeder kleine Schritt in der Gegenwart wird dich letzten Endes zu der Person formen, die du in der Zukunft sein wirst. Ein kleiner Schritt in die richtige Richtung ist immer noch besser als keinen Schritt zu gehen. Denn mit der Zeit werden diese kleinen Schritte zu einer großen Veränderung führen. Es kommt darauf an, regelmäßig über Monate oder sogar Jahre hinweg ein Ziel zu verfolgen. Dabei spielen einige wenige Tage ohne Zielerreichung keine große

Rolle. Setze dich selbst deshalb nicht ständig unter Druck, um endlich das Ziel zu erreichen, sondern achte lieber darauf den Weg zu genießen. Setze dir die richtigen Prioritäten beim Verfolgen deiner Ziele, indem du dir den Weg schön gestaltest. Denn du willst deine Ziele erreichen, damit es dir in Zukunft besser geht, dann ist es doch völlig kontraproduktiv dir selbst in der Gegenwart dafür zu schaden.

Über dein Feedback würde ich mich freuen

Mit deiner Bewertung auf Amazon unterstützt du mich dabei, auf dieses Buch aufmerksam zu machen.

amazon.de/dp/B0B8BPKHS7

Wenn du noch Fragen und Anregungen hast, kannst du mich per E-Mail kontaktieren:

info@teacheroflife.de

Bibliografie

Baumeister, Roy: Die Macht der Disziplin: Wie wir unseren Willen trainieren können, 1. Auflage, Frankfurt am Main: Campus Verlag, 2012.

Bischoff, Christian: Willenskraft: Warum Talent gnadenlos überschätzt wird, 4. Auflage, Berlin: Econ Verlag, 2010.

Clear, James: Die 1%-Methode: Minimale Veränderung, maximale Wirkung, 10. Auflage, München: Wilhelm Goldmann Verlag, 2020.

Duhigg, Charles: Die Macht der Gewohnheit: Warum wir tun, was wir tun, 1. Auflage, München: Piper Verlag, 2014.

Eyal, Nir: Hooked: Wie Sie Produkte erschaffen, die süchtig machen, 1. Auflage, München: Redline Verlag, 2014.

Heckhausen, Heinz: Jenseits des Rubikon: Der Wille in den Humanwissenschaften, 1. Auflage, Berlin: Springer Verlag, 1987.

Heckhausen, Jutta: Motivation und Handeln, 5. Auflage, Berlin: Springer Verlag, 2018.

Höcker, Anna: Heute fange ich wirklich an: Prokrastination und Aufschieben überwinden, 2. Auflage, Göttingen: Hogrefe Verlag, 2016.

Kahneman, Daniel: Schnelles Denken, langsames Denken, 21. Auflage, München: Siedler Verlag, 2012.

Klitschko, Wladimir: F.A.C.E. the Challenge: Entdecke die Willenskraft in dir, 5. Auflage, München: Ariston Verlag, 2020.

Kuehn, Timo: Das Selbstkonzept: & seine Wirkung auf die Selbstwirksamkeit, 1. Auflage, München, 2020.

Kuhl, Julius: Motivation, Konflikt und Handlungskontrolle, 1. Auflage, Berlin: Springer Verlag, 2011.

Maslow, Abraham: Motivation und Persönlichkeit, 15. Auflage, Hamburg: Rowolth Verlag, 1981.

McGonigal, Kelly: Bergauf mit Rückenwind: Willenskraft effizient einsetzen, 1. Auflage, München: Wilhelm Goldmann Verlag, 2012.

Mihaly, Csikszentmihalyi: Flow: Das Geheimnis des Glücks, 4. Auflage, Stuttgart: Klett-Cotta Verlag, 1992.

Müsseler, Jochen: Allgemeine Psychologie, 3. Auflage, Berlin: Springer Verlag, 2016.

Pink, Daniel: Drive: Was Sie wirklich motiviert, 1. Auflage, Salzburg: Ecowin Verlag, 2010.

Sachse, Rainer: Selbstregulation und Selbstkontrolle, 1. Auflage, Göttingen: Hogrefe Verlag, 2020.

Sinek, Simon: Finde dein Warum: Der praktische Wegweiser zu deiner wahren Bestimmung, 6. Auflage, München: Redline Verlag, 2017.

Tracy, Brian: Eat that Frog: 21 Wege wie Sie in weniger Zeit mehr erreichen, 15. Auflage, Offenbach: Gabal Verlag, 2019.

Notizen

Notizen